U0109826

西伯利亞大鐵路

——29天玩家探險日記 SIBERIA

曹嘉芸◎著

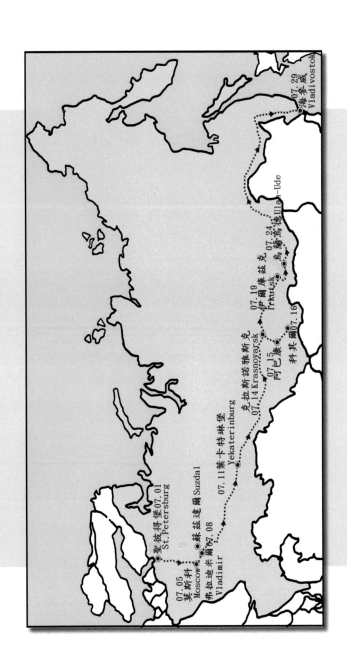

　　說真的，俄羅斯是一個奇怪又麻煩的國家！從一開始計劃到俄羅斯旅行時，就得先去弄個「邀請函」才能去辦簽證。奇怪了，我要去你的國家消費，讓你們賺錢，居然還要「被邀請」才能去？當然，上有政策，下有對策。為了賺錢，網路上紛紛出現旅行社提供付費的「假邀請函」，只要上網填填資料，用信用卡付個30美元，不出兩天，一張漂亮的俄文邀請函就會出現在e-mail信箱了！

　　再來就是辦簽證，要七個工作天，超級沒效率不說，打電話去詢問任何問題，一律轉去語音說明，根本得不到任何一個問題的正確答案。還有還有，很多旅館、旅行社明明網頁上有e-mail，但寫信去問，不是石沉大海就是信箱有問題被退件。真搞不懂，俄羅斯人到底是英文不好不會回信，還是電腦系統很糟？

　　更令人抓狂的，用網路查到的火車時刻表竟然會不同，乘車時間可以差到足足一天，更別說價格的落差了！就在這一堆莫名奇妙、不可理喻的狀況下，我還是踏上了這個國家，相信我會克服一切困難，完成西伯利亞大鐵路之旅！

曹嘉芸

　　目前在台中縣弘文高中當老師，曾經自助旅行去過義大利、瑞士、希臘、德國、荷蘭、比利時、奧地利、日本、埃及、俄羅斯……等國家。旅行中喜歡看建築物、古蹟，最愛大石頭雕像及亂石堆，希望有機會能夠環遊全世界。

部落格 http://tw.myblog.yahoo.com/iam328

07.01 · 聖彼得堡

這是哪門子的國際機場？

坐了將近一整天的飛機，除了在首爾機場多等了一個小時外，整趟航程還算順利，我、秋月、嘉琪和佩玲四人在19：00左右抵達了聖彼得堡（St. Petersburg）的國際機場。果然，如書上描述，聖彼得堡是一處幾乎不會天黑的地方，已經19：00了，天色還是和台北下午時候差不多。

穿過空橋到航廈才發現：天呀，這座航廈真是小得可以！而且擠滿了等待通關入境的人。除了一張入境申報單外，還得另外填一張註冊卡，（切記：在每一個城市停留超過三晚，就得去辦流動登記。）令人傻眼的是，明明註冊卡是給外國人填的，上頭卻全是俄文字。

服務窗口不多，加上海關人員動作又慢，許久才得以前進一些。我們觀察到那兩排專辦「本國人」的入境窗口都快沒人了，趕緊溜過去，試試看能否朦混過關。

輪到我的時候，窗口小姐這時居然打開門對著我後面大叫。我心想：該不會是叫警衛來趕我吧？幸好不是，她只是問問還有沒有本國人啦！哈哈，沒想到歪打正著，這位小姐略瞄了一下邀請函，什麼也沒多問就放行了。

註冊卡——住宿登記表

用美金搭計程車

通關後一看，滿地都是行李，因為這座機場小到只有一個行李轉盤，實在是令人無言。出來之後，當務之急是找地方換俄幣，卻發現只有一處兌幣窗口，想要比較匯率的優劣，簡直是痴人說夢！更扯的是，輪到排我們前面那個人時，居然就沒有盧布了！這真是前所未有的狀況，該怎麼辦好？沒有盧布怎麼搭巴士進市區？櫃台的小姐說搭計程車可以付美金。（想想，她和計程車司機該不會是一夥的吧？）

書上說機場離市區只有一公里，但這裡的計程車簡直是漫天要價，居然要40美元。開什麼玩笑！搭公車只要

15p而已。（俄文的p對應英文中的R，是盧布的縮寫，1p ≒ 1.2台幣。）我們改問一輛停在路邊的小巴，他從只收盧布到可以付3美元（四個人的價錢），終於，讓我們搭到車了。

終於抵達YH了

進了市區，司機雖然看了YH（Youth Hostel）的地址，但是並不知道確切地點在哪，於是在一處叫Moskovskaya的地鐵站前讓我們下車。本來以為叫「Moskovsk」的站就是YH附近的火車站，興高采烈地下了車，還拖了行李走上一大段路之後，才發現這裡根本不是我想的那個地方。在找不到任何一家有營業的匯兌處，只能用提款卡先領一點錢出來。不過提款機只給千元大鈔，還是無法拿來搭公車。

我們只得叫計程車，書上說：計程車上的里程表，多半備而不用，得喊價。俄羅斯的計程車不多，所以街上任何一輛停下來的車子，都可以叫價搭乘。果然，秋月一揮手，一輛黑色車子就停下來了。一開始他索價200p，但嘉琪寫150p，居然也OK。沒多久，終於抵達我們要住的YH了。

我們住的是四人房，放好行李後，天還沒暗，但沒有人現在有興致出門晃晃，加上吃了一天的飛機餐，又一直坐著，實在也沒有吃晚餐的必要了，乾脆先睡一覺再說。（雖然飛機上也睡了不少，不過還是覺得有點累。）

YH豐盛的早餐

07.02 · 聖彼得堡

　　YH的早餐是08：00～10：00，而且每人限時二十分鐘，蠻令人緊張的。以YH的早餐來說，這頓算是挺豐盛的，可得趁機多吃一點，這樣等會出門就可以少吃些，據說聖彼得堡這兒的物價頗高，當然能省則省囉！

　　今天是週日，銀行要10：00才開門，不過我們往火車站邁進時，發現一家電動玩具店（玩拉霸的）可以換錢，而且匯率還不錯，就在這裡換了。每換一次，不論金額大小都需要付一筆30p的手續費，還算是可以接受。

　　換完錢後，趕緊去火車站買聖彼得堡往莫斯科（Moscow）的車票。因為不知道櫃檯人員的英文程度，

往莫斯科火車售票處

麥當勞

所以我們事先把時間、車種、人數、等級寫在紙上。千萬記得，買票一定要「護照正本」，我拿護照影印本買票居然不行，害我在火車站當眾寬衣解帶，挺糗的。（因為護照藏在腰包啦！）

漫長的Nevsky大道

從地圖的比例尺看來，自火車站沿Nevsky大道走到運河邊應該只有五百公尺，可是我們走了好久好久都到不了，路過麥當勞時，乾脆進去休息並吃頓午餐。如果依照這樣的距離，我想還沒走到卡山教堂（Kazan Cathedral）應該就掛了吧！那下午的walking行程也就甭提了，還是去搭車好了。先去參觀明天休館（週一）的冬宮（Hermitage），再決定下一步怎麼走。

冬宮（Hermitage）

這座博物館憑學生證可以獲得免費入場券一張，想照相的話得另外買一張100p的票。最麻煩的是後背包及大外套不可以帶進去，要放在免費的寄放處。

冬宮的照相券

冬宮的免費門票

冬宮開放時間告示牌

　　進去之後，有導覽資訊機，除了可以查看介紹外，還可以印出來。

　　這兒真的是很大，若要仔細參觀，恐怕一天也看不完，所以館方幫遊客規劃了一小時、三小時等多套行程。因為今天已經走太多路了，我決定看看「一小時」的精華路線就好，其他的就隨意亂看吧！

　　走馬看花地亂走亂逛，在累得半死之後，大概才看了三分之一不到的區域。冬宮最麻煩的就是動線規劃不好，

冬宮前廣場

每個房間彼此相連，又都有展示品，想全部看完，就得走重複的路，不然就一定會漏掉某些展覽。不過，看久了還真有點膩，因為我不愛歐式的建築、繪畫，還是年代久遠一點的古蹟比較符合我的脾胃。

意識到想上廁所時才發現，博物館裡面只有一間廁所，就在剛進收票處旁邊，繞了好大一圈才走到不說，還得排好久的隊才輪到我，真不曉得他們每室一個的館員到底都去哪裡上廁所哩？

冬宮

金碧輝煌的冬宮內部

約旦階梯

冬宮旁的巧遇

　　博物館打烊後，我們開始亂晃，走過宮殿橋到對面去，遇到一個台灣來的旅行團。今天在冬宮裡，也看到好多個大陸團，聽他們的中文導遊介紹還挺有趣的。不過，我都繼續走原定的路線，並不想跟著他們走，也不想跟他們攀談。畢竟旅行性質不同，時間、花費、看的東西都不一樣，也沒什麼好比較的！

　　中午只吃麥當勞，現在已經餓了，雖然才18：00，但是也該吃晚餐了。在這裡如果不看錶，真的猜不到正確時辰，像昨天晚上到03：30，天還亮亮的，我實在搞不清楚這兒天黑的時間能有多長？

海軍總部

青銅騎士的雕像

　　走回海軍總部（Admiralty）的途中，在橋上遇到四位台灣女生，其中一位就是之前和我在MSN上討論的網友，另一位也曾通過e-mail，真是太有趣了！其實她們剛剛在冬宮時，就發現我一個人低頭在寫著東西，還在猜是不是我，可是轉念一想我們這群應該有四個人，所以不敢相認，結果最後還是在橋上相遇了。她們已經到俄羅斯一個星期了，告訴我們路上找吃的不太容易，而且餐廳真的很貴，看到超市最好就把第二天要吃的東西先買好，以備不時之需。

海軍總部

聖以撒教堂

　　大家在海軍總部旁的青銅騎士雕像拍張照以茲紀念。接下來一路上有不少路邊攤賣漢堡、大亨堡，就是沒看到餐館的影子，一直走到聖以撒（St. Isaac's）教堂，在又累又餓的情形下，根本不想買票進去參觀，更不想登頂。決定搭電車回去，火車站附近應該有賣吃的吧？

不耐煩的售貨員

　　電車下車處就是一家超市門口，一走進去就聞到烤雞的香氣，「有熟食可以吃耶！」正當我們為此興高采烈時，阿婆卻說還要十五分鐘才會烤

聖彼得堡YH
地址：3rd Sovetskaya Street,28
電話：（812）3298018

無軌路面電車的車票，不論遠近一律
都是12p。車上有售票員賣票，可找
零。

好，一隻雞要價140p。本來我想買一隻大雞腿（45p）回去當晚
餐就好，但嘉琪說買一隻雞回去大家分比較划算，看來只得多
等一會兒囉。等待的這段時間，我們順便逛逛這家小超市，他
們所有的東西都放在櫃台裡的架子上或是櫃台下的玻璃櫃中，
只能「遠觀」不可「褻玩」。

　　秋月問售貨員「蛋」怎麼賣時，她拿出一盒要我們全買，
但是我們只有兩個人想吃，所以只想買兩顆，她隨即表現一副
極不耐煩的樣子，真是很討人厭！不過，也沒辦法，她們真的
是跩慣了，誰叫盧布貶值時，多的是求她們賣東西的人，要求
她們「以客為尊」根本就不可能。忍耐吧，這就是俄羅斯！

　　回到YH，為了避免晚上又遭蚊子騷擾，佩玲一直努力撲殺
蚊子。這裡蚊子超多的，據說是因為冬天氣候太冷，只好在夏
天繁殖。

漫長的地鐵手扶梯

地鐵站入口

雖然星期一彼得夏宮的宮殿沒開，但是昨天看了一天的冬宮，對宮殿實在也提不起興趣了，索性把重點放在「花園」，所以還是前往彼得夏宮。聖彼得堡市區也有一個夏日宮殿（summer palace），但是如果要看類似凡爾賽宮設計的夏宮，就得拜訪位於郊區的這個彼得夏宮（Peterhof）。

從火車站先搭地鐵（火車站和地鐵站位在同一處）到「Baltisky vokzal」，再換公車。第一次搭地下鐵，感覺很新鮮。在窗口買地下鐵專用代幣，每次12p，隨你搭多遠。聖彼得堡的地鐵站都設置了「不可照相」的牌子。真搞不懂，地鐵站是有啥祕密不可以照的？

漫長的地鐵手扶梯

宮殿

地鐵很特別，位在很深很深的地底下，搭著長長的手扶梯一路往地下去，感覺很怪，手扶梯的長度遠比台北的捷運忠孝復興站還長得多。

出地鐵站之後，轉搭K404巴士，一個人30p。這裡似乎沒有里程觀念，都是均一價，真是處處可見共產國家的影子。

彼得夏宮

公車就搭到上花園（Upper Garden）的入口，這裡不必付錢，可以隨意逛逛，我們走到皇宮旁時，居然聽到我們的國歌響起，那三個表演者怎麼會吹奏我們的國歌呢？

彼得夏宮——上花園

ГОСУДАРСТВЕННЫЙ МУЗЕЙ-ЗАПОВЕДНИК "ПЕТЕРГОФ"

ВХОД В ПАРК

БИЛЕТ

ИНОСТРАННЫЕ СТУДЕНТЫ

Серия ОД   № 046322

Цена 150-00

Министерство культуры РФ

彼得夏宮門票

正當我們覺得奇怪時，一個台灣團經過我們身邊，其中一個人說：看你們回頭，就知道你們是台灣來的。也對啦！我們就這樣被識破了。（但還是不知為何會演奏國歌？）

　　如果要參觀下花園的話（Lower Park），就得付錢了。門票很貴，一個人要300p，學生票150p。當學生真好，等到我從研究所畢業後，恐怕不能再來這種消費昂貴的國家了，不然鐵定付錢付得很心痛。

彼得夏宮——下花園

下花園裡（其實我覺得叫「森林」更為恰當，因為樹很多又很茂盛。）有很多座噴水池，金碧輝煌，比起凡爾賽宮更大、更豪華，但走起來就很累人了。當我們逛了許久，終於走到芬蘭灣旁邊的碼頭，也看到船票價格高達400p。短短三十分鐘的航程要價400p，想想還是回頭搭巴士吧！

在卡山教堂旁有一處賣全國各點火車票的地方，我們決定去試試看能否一次買齊所有的車票。於是寫好各段車票的時間，到Information櫃台排隊。沒想到服務人員竟然在每一段旁邊都寫NO、NO、NO……，又說不清楚為什麼「NO」。一個Information櫃台竟然不會講英文，糟糕透了！

我們改去窗口排隊，看看他會怎麼說。但是每個窗口都很多人，好不容易輪到我了，只見窗口的那位歐巴桑，嘰哩呱啦講了一堆，不知道在說些什麼？幸好有一位熱心的黑人大哥幫忙翻譯，才知道她說還有五分鐘就要休息了，不可能處理完我們這一大堆的票。真是讓人想罵髒話，處理不完不會動作快一點或是等弄好再走嗎？居然要求我換別的窗口重排，耐性真的是會被磨光。

後來，嘉琪那一排終於開窗了，還是有賴黑人大哥翻譯。但很不巧，弗拉迪米爾到葉卡特里堡這一段只剩兩個位置，她要我們去莫斯科再買，連後面的票也不賣給我們了。排了兩個小時的隊伍，卻什麼都沒買到，只覺得這裡的官僚氣息真是太重了。

沒轍，只好打道回旅館。這兩天走了爆多路，超累！腳跟腰都好痠痛，當電車一路開到接近YH停車時，佩玲和我根本就不想走去吃飯，只想趕快回去躺著休息。當然，這天的晚餐就是泡麵一包囉！

07.04 · 聖彼得堡

昨天晚上偷懶先睡覺沒洗澡，早上想早早起床去洗澡時，發現樓上女生專用的洗澡間竟然沒開；到一樓去，居然沒熱水。喔，是怎麼回事啦！問也沒用，這兒沒有半個人會說英文，在一頭霧水下，乾脆直接吃早餐，不洗了。

前兩天真是走得太兇了，今天說什麼都要對自己好一點、少走一些，出來玩不要太累才好。所以，上午就只安排去卡山教堂及復活教堂，而且要搭電車去，絕對不多走路。

卡山教堂獨特的立柱

卡山教堂外面的半圓形立柱迴廊十分特別，柱子是「科林斯式」與「多立克式」的混合柱型。大概是年久失

卡山教堂

卡山教堂

修，上面柱頭的地方都用網子罩著，是怕掉下來砸到人吧？

　　教堂裡面不可以照相。我好久沒有進去教堂了，都快忘記裡面長什麼樣子。裡面掛了很多聖像，每張前面都有燭台讓大家點蠟燭，蠟燭從5至80p不等，我偷偷觀察了一下當地人禱告的方式：他們都是對著聖像喃喃自語，甚至把頭靠在聖像上不知道在唸些什麼，唸完之後還親一下聖像。不知道為什麼，在教堂禱告的婦女都包著頭巾。教堂前方有一位男士拿著麥克風一直唸禱，我猜他應該是在唸聖經，一旁還有可以裝水的地方，大概就是所謂的聖水。

基督復活教堂

　　出了教堂，沿著對面的運河走，就可以抵達基督復活教堂。這真是一座色彩繽紛、有如童話般夢幻的俄羅斯建築，超可愛的。我們沿路一直拍個不停，捨不得遺漏任何一個欣賞的角度。

　　這裡是觀光客必來的景點，所以教堂對面有一大排賣著俄羅斯娃娃的攤販。娃娃的價差很大，因為一組有五個、七個、十個、十五個、二十個之分，還有精緻程度之分。其實，仔細看就可以分得出來，畫得比較細、做得比較漂亮的，價錢就比

較貴一些。隨便畫一畫，最小的那一隻只剩一個球，那種就比較便宜啦！

　　既然是「專門坑殺」觀光客的地方，就非得要殺價不可囉！我們看到一組十五個超漂亮的俄羅斯娃娃，開價3000p，秋月

基督復活教堂

午餐──香橙烤雞肉

出2000p，老闆本來還回2200p，我們正想說算了，老闆馬上點頭要賣了。我覺得十五個太多了，找個十個的就好，也比較便宜。我選了一組紅色的，本來要52美金，但是出40美金也買到了。下次應該試試再喊低一點。

接著，我們在運河邊找了一家簡餐店，點個餐休息兩個小時。下午嘉琪和秋月要再去走walking tour，佩玲跟我都不想再走了，決定去搭船，享受輕鬆愜意的旅行。

水上巴士

令人昏昏欲睡的遊船

運河上有許多地方都有Water Bus，我們找到一家一個小時的遊船，全票400p，學生票200p。船開動之後，耳邊傳來一陣俄語廣播，當聽不懂時，介紹就變成是催眠曲了。

船開到涅瓦河上，看著冬宮、海軍總部、聖以撒教堂……，這些昨天已經看過的景點時，竟然一點新鮮感也沒，令人昏昏欲睡。問了佩玲，原來她也跟我一樣，但是一想到船票要價200p，實在很貴，只好強打起精神。

最後，船沿著彼得保羅要塞整座島繞一圈。這就有點意思了，島的周圍有沙灘，很多人穿著泳裝躺在那裡做日光浴、游泳，但看到水那麼髒，真不曉得為什麼這樣還游得下去？

彼得保羅要塞

行程結束之後，我想再去售票中心碰碰運氣，畢竟，最後一段烏蘭烏德（Ulan-Ude）到海參威（Vladivostok）出狀況的話，可是會影響到我搭飛機的時程。

又白忙了一場

　　這次我又去Information排隊，試試看今天的運氣。等了很久很久，中間又經歷了櫃台小姐關櫃二十五分鐘，終於，讓我拿到烏蘭烏德到海參威的火車時間，7月26日的10：11開車，7月29日到達，還寫了張小紙條給我。

　　這下子應該沒問題了吧！我拿著紙條去售票窗口排隊，但輪到我時，小姐一直問我去烏蘭烏德之前的車票呢？我心想：奇怪了，你賣我就是了，管那麼多做啥？我只好跟她說已經買了，但是放在旅館沒帶出來。

Vladmirskaya教堂

菜市場

　　別以為我這次怎麼突然大顯神威，可以用俄語溝通，這當然也是靠後面一位大哥翻譯，不然怎麼講咧？奇怪的事發生了，小姐堅持那天沒這班車，我一直說是Information小姐寫給我的，她還是一直搖頭，還學鳥給我看，叫我去搭飛機，夠懸疑離奇吧！

　　「這就是俄羅斯！」我只好這樣安慰自己，不是早料到會有這種事了嗎？又何必太過驚訝，只是這搞不清是誰搞烏龍的鬧劇，又白花了我一個小時。

傳說中的菜市場

　　算了，還是去找傳說中的菜市場吧！上次遇到的那四位台灣女生說市場的水果很漂亮，就在Vladmirskaya地鐵站附近。其實還蠻好找的，就在地鐵站出口右手邊那棟白色建築裡。這是佩玲和我第一次在俄羅斯逛菜市場，感覺十分新鮮。裡面有賣水果、蔬菜、蜂蜜、熟食（大部份是烤雞）、肉類及醃漬物等，而且，攤販的歐吉桑、歐巴桑都十分親切地招呼我們，還請我們試吃，不會像外面商店的店員那樣討人厭。

　　當櫻桃和葡萄、水蜜桃都同等價位時，當然就選櫻桃囉！又黑亮、又大顆的櫻桃一公斤150p，和台灣相比，其實算是很便宜了，買個半公斤就好大一包；佩玲喜歡酸一點的紅櫻桃，一公斤只要100p。

買完櫻桃後，我們各買一隻烤大雞腿，這樣應該可以填飽肚子。正要離開時，途經一攤醃漬攤，老闆拿了兩塊鮭魚給我們吃，又拿魷魚、豆腐、香菇，我們一直推辭不要，她卻一直拿出來。最後還包了一團鮭魚，要我們買，問問價錢，居然要160p咧！真貴，說什麼都不想買。想想，剛剛那一口應該值20p吧！

從垃圾桶看出公德心

我們在地鐵站前的椅子上吃完雞腿後，準備散步回旅館了。當然，櫻桃得快快地品嚐，這時，麥當勞是大家的好朋友。在Nevsky大道與Vladimirsky路交叉口附近就有一家麥當勞，生意好得不得了，連廁所都得大排長龍。我們只要洗東西就不必排隊了，快速地洗好櫻桃就走，一路走、一路吃回去。

聖彼得堡的街道挺乾淨的，垃圾不多，這得歸功於路上眾多的垃圾筒，沒兩步就設立一個，所以平均每吃兩顆櫻桃，一定有垃圾筒可以丟籽。不過，也可以從垃圾筒評斷當地人的公德心，路上常可以看到冒著煙的垃圾筒，這是當地人愛抽菸，抽完煙不熄掉就往裡面丟，導致垃圾燒起來，真是太沒水準啦！

回YH休息時，遇到一位美籍華人，她才剛從大學畢業，要到北京進修一年。她從北京經蒙古到俄羅斯，一路坐火車玩，也去過伊爾庫茲克。一聽到這邊，我們的興趣被挑起來了，問她伊

紅色列車的臥舖

爾庫茲克如何？她說那邊很不方便，因為找不到會說英文的人，光是找前往歐克洪島旁小鎮的公車，就用了快一個小時。她的兩個旅伴都離開了，今晚只有她一個人要搭火車回莫斯科，所以她選擇搭三等臥舖，因為賣火車票的人才不管你是男是女，如果搭二等的臥舖（四人一室），一個女生和三個大男人關在一起，不見得比較安全！

豪華火車臥舖

　　從聖彼得堡往莫斯科的夜火車有很多班，我們選的是最貴的紅色列車，二等臥舖票價是1798.25p。這列車一共有二十節車廂，我們的是在最遠的一號車。上車之後才發現，雖然我們是四個人一起買票的，但卻不是給我們一間包廂，而是四個在相鄰兩間的上面舖位，真不知這些俄國佬在想什麼？我們一起去買票的用意就是要睡同一間呀！可惡！害我們只好跟兩個睡在下舖的年輕男女換，才得以佔據一整間包廂。

　　這麼昂貴的列車，服務當然不錯，床單早已舖好，每個人都有一套牙刷、紙巾及一個餐盒。餐盒裡面有蛋糕、麵包、肉醬、開心果、茶包、咖啡、奶精、糖、礦泉水、杯子、刀叉、湯匙……等等，樣樣齊全。

　　00：30時，終於天色有點黑了。離開聖彼得堡之後，天黑的時間就會早一點。

Гостиница Шерстон

Благодарим Вас за выбор нашей
гостиницы!

Служба размещения:
Тел.: (495) 482-1306
(круглосуточно)
Факс: (495) 482-3190
E-mail: hotel@sherston.ru
Адрес: 127106, г. Москва,
Гостиничный проезд, д. 8, кор.1

旅館名片

07.05 · 莫斯科

住過台北深坑的俄國人

這趟夜臥還挺好睡的，一覺到天亮。廁所排隊的人很多，很難排到，乾脆忍到下車好了。下車之後，還是想試看看可否買到車票，不然旅館離這裡頗遠，再專程跑一趟很不划算。

因為時間還很早，排隊的人不多，（當然，首都的行政效率有好一點，動作快多了）很快就輪到我了。但是，她在電腦前一陣嘰哩呱啦之後，說這邊沒有賣。（還是有勞旁邊一位先生幫忙翻譯的。）搞什麼呀，有沒有賣不是看到就知道了嗎？害我白高興一場。這時，旁邊那位先生（俄國人）看到我們的護照，就說：「妳們台灣來的？」我說「是呀！」結果他居然說：「我住在台灣，深坑，臭豆腐。」

哇！怎麼這麼巧！他在德商工作，已經在台灣住四年了，但是不會講中文。他幫我們問了該去哪裡買票，也願意帶我們去，為了節省時間，我和佩玲留下來看顧行李，讓秋月和嘉琪跟著他去。

買到往弗拉迪米爾的車票

等了好久，都快以為她們其實是被拐去賣了，終

於等到她們回來。不過，只買到莫斯科往弗拉迪米爾（Vladimir）這一段，其餘的還是沒著落。這次又花了兩個小時，才前進一小步。唉～總比前兩天好一點，該知足了。

我訂的旅館離車站頗遠，叫計程車討價還價半天，還是要500p，早知道應該選一家近一點的。旅館要12：00才check-out，等他們整理完也13：30，我們才進到房間；問他們可否代買火車票？小姐說要一至兩星期的作業時間，所以沒辦法在離開前拿到，看來我們只好再想別的辦法。其實中段不買都沒關係，行程可以調整，不過萬一最後一站來不及上飛機就慘了，還是得先想辦法買到。

伊茲麥市集（Izmaylovo Market）

今天想休息一下，捨去教堂行程，改逛逛這個什麼都賣的伊茲麥市集。看LP地圖上畫的好像離Cherkizovskaya

伊茲麥市集入口

這一站頗近，但下車之後問人都說要走很遠，只好叫計程車了。還真的蠻遠的，但是當我們下車之後，賣俄羅斯娃娃、皮草等紀念品那區都已經在收攤了，能逛的剩沒幾家。

一分錢一分貨，精緻漂亮的就是比較貴，便宜的就是比較醜。看他們收攤的方式，超級浪費塑膠袋的，每一個娃娃都用一個全新的袋子套起來，仔細想想，每天有上百個娃娃要拿出來，這裡有上百攤，非常浪費資源。

另一邊賣衣服的地方也有賣吃的，不過只提供高腳桌讓人站著吃，沒有椅子可坐，點些東西，我們也入境隨俗地站在路邊吃了起來。

地鐵過路費

回旅館時，出了地鐵站後，開始尋找「Real超級市場」。問了好幾個人，才遇到一個能說得清楚的。她要我們進地鐵站，再從另一邊出口出去，因為這裡沒有路可以跨過鐵軌。為了這個愚蠢的設計，我們得再付一次地鐵票的錢當過路費，不然就得繞一大圈，還好嘉琪和佩玲先回去了，我們只要付兩個人的錢就好。出站之後，其實還要走挺遠的，等買了東西，恐怕得叫計程車回去才行。

這家超市真的很大，而且可以自己拿東西，肯定是外資公司，否則以他們的分配習慣，東西都要放在櫃台後才行。我們買了水、果汁、餅乾、優格……，反正房間裡有冰箱，就一次購足三天要吃、要喝的東西吧！這一趟路那麼遠，也不會想再特地光顧了。

07.06 · 莫斯科

搭公車白繞市區一圈

自從到俄羅斯以後，每天都弄到很晚才睡，實在很累。其實也沒做什麼，只是天還沒黑就跑去睡覺，感覺很怪；於是今天，我們就決定補個眠，睡晚一點才起床出門。

出門後走到公車站，看看24號及85號公車，除了可以到Vladykino地鐵站外，還有到市區的Alexandrovsky Sad這一站。而這一站就是克里姆林售票處——今日目的地的地鐵站。既然搭公車可以到，何必花更多的錢去搭地鐵呢？所以我們決定搭公車就好。

結果一路上交通壅塞，車子走走停停，一個小時後，我突然發現公車好像在重複之前走過的路。慘了，我們該不會已經搭一圈，然後被載回原處吧？果然，我們又回到Vladykino站。沒辦法，中間都沒遇到任何地鐵站，就當做市區觀光吧！

等我們抵達克里姆林宮的售票處時已經12：30，居然沒有人在賣票，也沒有人在排隊。本以為等到13：00，午休的工作人員就會回來了，沒想到依然毫無動靜，我只好翻出「LP」（Lonely Planet）查看，才知道這裡星期四根本沒營業。喔，沒想到景點也有星期四公休的。

紅場

　　但既然都到這裡了，就沿著城牆邊走一走，到紅場去看看吧！

　　不知道該怎麼說，到俄羅斯快一星期了，卻還沒發現吸引我的特點，除了當地人很冷漠外，「語言溝通」一直是個問題，即使身處俄羅斯的首都莫斯科，也很難遇到可以講得上話的對象。看來未來的旅程不僅變數很多，也預期會碰到很多困難。

　　首先抵達的觀光景點是紅場邊的St. Basil教堂。這棟建築外觀和聖彼得堡的基督復活教堂很雷同，都擁有多彩的洋蔥柱，不過規模小多了。

　　紅場邊有一家國營百貨（GUM），反正剛好沒特別想去哪裡，就進去逛逛好了。百貨公司裡面有一間一間的小店，賣的幾乎都是外國的品牌，其實也沒有很特殊。乾脆去三樓的速食店喝飲料、吹冷氣，順便討論待會兒去哪裡。

克里姆林宮的圍牆

洋蔥般多彩的St. Basil教堂

往列寧山丘去吧！怎麼一直出錯站呢？

　　我們最後決定上列寧山丘欣賞風景。在此之前，我們先往 National Hotel詢問可否代買火車票，沒先買到票真的讓人挺不放心的。五星級的大飯店果然有提供這項服務，不過每張票要收30美元的服務費。雖然有點小貴，但想一想30美元買一個安心也好，就請她們代買吧！不過，飯店的服務小姐打電話去訂票時，卻一直沒接通，她說可能旅行社已經下班了，要我們明天10：00再過來。

國營百貨公司

列寧墓

卡山教堂

歷史博物館

搭地鐵去列寧山丘時，發現問人的結果和書上寫的又有落差，相信路人讓我們先搭到「Vorobyovy Gory」。走出車站，怎麼看都不像我們要去的地方，奇怪了，這站不是位在河邊嗎？再問人，他們都叫我們去搭地鐵，再一站就到了，原來，是我們自己下錯站了。

　　莫斯科的地鐵線挺複雜的，站也很多，一不注意就下錯站了。再搭一站，果然到了河邊，這次我們決定先張望一下再出站。這是一個很特別的車站，月台就在河上方，可以順道欣賞莫斯科河的風景。但四處瞧瞧，並沒有看到可以上山的纜車呀，還是再搭一站看看。

　　這次下車的站確定是Universitet，根據在俄羅斯坐地鐵的幾次經驗，很多車站上電梯之後就不可以再回頭下去了，出錯站就得再付一次錢。過了馬路問個坐在路邊的女生，她很有趣，英文雖然不太靈光，卻很努力地想告訴我們該怎麼走，是一個nice的人。這是抵達俄羅斯一個星期以來，第一次遇到這麼熱心的人。

冬天才有滑雪纜車

　　根據她的說法，出地鐵站到列寧山丘，大概還得走三、四十分鐘。好吧，千辛萬苦才來到這裡，就走去瞧瞧，還可以順便穿過莫斯科大學，欣賞一下校景。真的挺遠的，中途還遇到一位布里雅特族的教授，帶我們走了一小段。比起來，莫斯科熱心的人比聖彼得堡多，也許是英文程度比較好吧，所以願意搭理我們。反正，就是覺得這裡比聖彼得堡感覺好。

　　真正走到列寧山丘，根本沒看到書上說的纜車，只有一條冬天給滑雪者用的纜車，現在不能坐，更別提飽覽莫斯科河沿岸美景了。向下可以眺望市區及圓形體育場，還可以看到在河上的那個地鐵站。時間已晚，廣場上的小販開始在收攤了，怎麼這兩天老是只來得及看別人在收拾咧！

　　走了那麼遠的路來，當然不想照原路走回去，最簡單的方法就是跳上任何一輛公車或電車，到任何一個地鐵站都行。反正莫斯科的地鐵四通八達，又是均一價，多坐幾站也沒關係。

莫斯科大學一景

公車單程票

地鐵二十趟票

地鐵一趟票

莫斯科地鐵票，買越多省越多

莫斯科的地鐵票單買一趟是15p，出站不會收回。另外，也有搭五、十、二十、六十趟的票，買越多趟、省越多。例如：五趟的是70p、二十趟的是230p。而且票不限一個人使用，可以多人共用，一個人刷了票之後抽起來，再交由後面的人（沒抽會被鐵閘門擋住）。所以我們買了二十趟。回到Vladykino站時，我已經腳痠到不想再走回旅館了，寧可花15p去搭公車。

公車的車票單程15p，上車之後可跟司機買票，也是要刷卡才可以通過旋轉閘。只坐一站感覺蠻虧的，但是管不了那麼多了，能快點到旅館就好。截至目前為止，今天是我們最晚回旅館的一次，到房間坐下來時都22：30了，好累唷！

克里姆林宮售票處

07.07 · 莫斯科

還是買不到車票的無限旅行社

　　出門前我們先撥電話到「LP」上介紹的一家旅行社洽詢車票，手續費如果便宜一點就打算去買。服務小姐在電話中說每張票的手續費是198p，我心想：如果多花個1000多元就可以搞定所有的火車票，不用再跟難纏的售票員打交道也不錯。

　　沒想到這次又下錯地鐵站，每次都是搭一號線數錯站，漏算了中間一個小紅點，沒辦法，只好叫計程車了，反正距離不遠，又可以直接抵達門口，短程大約都是100p。

　　到了這家旅行社，小姐說只能買莫斯科出發的火車票。真奇怪！不是說莫斯科可以買到全國各「點對點」的火車票嗎？怎麼連旅行社都說不行，到底是怎麼回事啊！雖然沒買到車票，但她幫我們查了火車時刻表，還印給我們，服務算是貼心。好吧，看來只好且戰且走囉！若真的買不到票再說。

克里姆林宮（Kremlin）

　　這天我們去克里姆林宮，在入口處發現買票隊伍還挺長的，等了好一段時間。門票依入內參觀的地方不同而有不同的票價。我們都已經看膩了看教堂，所以就挑最便宜的買：鐘塔的全票150p，外國學生80p。

面對樓梯左方為寄物處

　　參觀規定後背包不能帶進去，但側背的卻可以。真奇怪，背後面和背旁邊到底差別在哪？這裡寄物又超貴，一個包包要60p，真土匪！

　　克里姆林宮裡面不如預期中的宏大及金碧輝煌，有點小失望，但既然買票進來了，就給它逛個徹底。除了盡量拍照外，只要能進去參觀的地方都不能放過。一陣混亂中，我們走進了「聖母昇天教堂」（Assumption Cathedral）。裡面真的是十分漂亮，還展示了大主教、沙皇及恐怖伊凡的寶座。不過，禁止拍照，讓我很好奇旅遊書裡的照片是怎麼來的？

　　接著走到隔壁的Patriarch's Palace，收票員查看了我們的票後說不可以進去。喔～原來我們的票券前六項都打「X」，代表不能入內參觀，只有第七項可以通行。那麼，「聖母昇天教堂」的收票員怎麼會放我們進去呢？哇！真是

城堡形狀的鍊條

賺到了，大概是剛剛人潮
太多，我們沒注意到哪位
是收票員，而她也沒注意
到我們，一不小心就混進
去了。真的，這次不是故
意的，我以為是自由參觀
才敢進去的。

　　當能拍的都拍完了，
大約費時一個半小時至兩
個小時。當然前提是和我
們一樣只欣賞外觀，若是
要逐一進去參觀，可能要
花上半天。

克里姆林宮門票

聖母昇天大教堂

修復中的大鐘

琳瑯滿目的俄羅斯娃娃

再度光臨伊茲麥市集

今天預計搭14：00的火車前往弗拉迪米爾。因為不知道出了莫斯科之後，會不會只能買到普通且不精緻的俄羅斯娃娃，所以我們趕緊利用僅剩的早晨再去伊茲麥市集血拼。這次搭到Izmaylovsky Park下車，但出站之後似乎和那天上車的站不太一樣。問了路人之後，才確定沒有下錯站，跟著人群走就對了。

伊茲麥市集是要買票的，入場費一個人10p。我們只能逛一個小時，所以動作得迅速確實。這裡的價錢不太好殺，因為售價已經比外面便宜一些了，精緻的還是很貴，太便宜的又過於粗糙，能買得下手的就是一些中價位的娃娃了。而一個10p的俄羅斯娃娃鑰匙圈，當然就是伴手禮的好選擇囉！

雖然時間短暫，但我們全都滿載而歸，別看俄羅斯娃娃小小的，其實還挺有份量的，買太多恐怕會提不動哩！

往伊茲麥市集的路

前進弗拉迪米爾

從莫斯科搭火車到弗拉迪米爾只需兩個小時又五分鐘，不過我們仍舊買臥舖車，故所費不貲。其實，貴一點也沒什麼不好，反映在服務上：他們供應了一盒點心、一盒麥片及一瓶水。

車子準時抵達了目的地。因為是大站，所以火車會停二十分鐘左右，下車之後的第一件事就是先去買車票。排我們前面的一男一女看起來很像是旅行社的工作人員，輪到我們時，他們還杵在旁邊沒走，一發現我們聽不懂售票員在講什麼，還很熱心地幫忙翻譯。原來，我們這段到葉卡特琳堡的票要出發前三個小時才能買。如果現在要買，票價得從莫斯科算起，也就是得多加300p。看來只好後天再來買囉，如果買不到，就在弗拉迪米爾多待一天吧！

出站之後，本來打算走路前往弗拉迪米爾旅館，但看到前方一片山坡地，想想還是叫計程車好了。正當不知道計程車阿伯在講什麼時，那一男一女又出現了，還問我們「Problem again？」他們說走路就可以到弗拉迪米爾旅館，剛好他們也要往那個方向，可以帶我們去。

好不容易遇到好心人，秋月順便問他們知不知道哪裡有便宜的旅館，恰巧他們知道位在另一頭的一家大旅館，價格挺便宜的，還幫我們叫計程車去。

哇！果然是一家超級大的旅館，雙人套房一晚1250p，還附自助式早餐，房間很寬敞、很舒適，浴室也很不賴，真是物超所值呀！果然出了大城市一切就好多了。

07.09 · 蘇茲達爾

開始一日遊行程

　　旅館供應的早餐超級豐盛的，而且採自助式的「吃免驚」。真希望之後也有機會住到這麼棒的旅館，不過機率應該很小，因為接下來的行程只會往更偏僻的地方去，恐怕那裡的旅館規模都不大。

　　搭上2號小巴往車站移動，弗拉迪米爾的大巴、小巴都是6p，比聖彼得堡、莫斯科便宜多了。巴士總站就在火車站對面的小山坡上，往蘇茲達爾（Suzdal）每人30p。「LP」地圖上的資訊有點舊了，大部份物價都漲了不少，恐怕要乘上1.5倍，才等同現在的市價。

　　09：30搭上沒有太多人的爛公車，一路開得慢慢地，直到10：30才到蘇茲達爾巴士站，要到市區還得換搭這裡的2號小巴。（和弗拉迪米爾一樣都是2號小巴）

　　昨天休息一天不看教堂是對的，當下車看到熟悉的「洋蔥頭建築」時，總算有拿出相機拍照的衝動。俄羅斯的建築雷同性很高，看多了會膩，不過這是對我這個外行人而言，說不定學建築的人會覺得每棟建築的差異可大著呢！

復活教堂（Resurrection Cathedral）

　　這座規模不大的復活教堂是蘇茲達爾的第一站，大家立刻拿起相機狂拍了起來。見到「四個女生一起舉起相機

拍同一個地方」的景象，感覺
還挺有趣的，路人看了應該會
覺得好笑吧：為什麼四個人要
各用四台相機呢？

　　今天天氣超熱！廣場上有
很多攤販，賣的東西卻幾乎雷
同，以此地聞名的木雕為主，
有小木盒、調味罐、梳子、髮
飾、擺飾、書籤……等。價錢
也差不多，而且很硬，殺不了
多少。

復活教堂一旁的廣場

克里姆林的聖母聖誕大教堂

　　一路逛逛晃晃，領會小鎮
的迷人魅力。在大城市整整待

復活教堂

聖母聖誕大教堂裡金光閃閃的聖像

賣紀念品的小舖

了一個星期，實在是有點煩了，人太多，街道太繁忙。這裡雖然是金環最美的小鎮，觀光客雲集，但還保留著小鎮的可愛模樣，路旁的小房子、小街道，真是越看越喜歡。

走到克里姆林的聖母聖誕大教堂，模樣已經和書上的照片不同了，圓頂綴著金色星星的寶藍色，很漂亮，想必是整修過了。古蹟需要定時維護，所以外面有些地方還搭著破壞美感的鷹架。

步行至入口處，發現裡面可以照相耶！趕緊衝進去，裡面擺滿金光閃閃的聖像，十分華麗。當我和秋月拍到心滿意足、準備收手時，直想著嘉琪她們兩個怎麼不進來？走出去才知道原來參觀聖母聖誕大教堂是要收票的，所以她們被收票員攔在外面。

咦？那我們剛剛怎麼有辦法進去呢？莫名其妙又賺了一次。

消暑的黑麥汁（KBAC）

　　走回教堂旁的市集迴廊，看到有人在賣「疑似」黑麥汁的飲料。說「疑似」是因為根本不確定那是什麼，這裡的人都不太講英文，也問不出所以然來。反正，大家都這麼喝，我們也跟著買來嚐試，分為大杯（500cc）及小杯（300cc），大杯的價錢從8p至15p不等，還挺消暑的。由於天氣實在太熱了，我們人手一杯，也管不了等會可能會想上廁所。

消暑解渴的「黑麥汁」

聖母教堂的寶藍屋頂，
十足地夢幻

好多不知名的教堂

修道院牆邊的小販

　　蘇茲達爾真的不大，我們採取悠閒的態度，累了，就找個陰涼處歇息一下，反正時間不趕。

救世主修道院（Saviour Monastery of St Euthymius）

　　救世主修道院可是個重要景點，裡面有多處已被列為世界文化遺產。沿著牆邊有許多販賣木雕品的小販，順著這條路往後走，可以到達一處平台，由此可以眺望對岸的祈禱修道院及聖彼得保羅教堂，並欣賞救世主修道院壯闊的城牆。

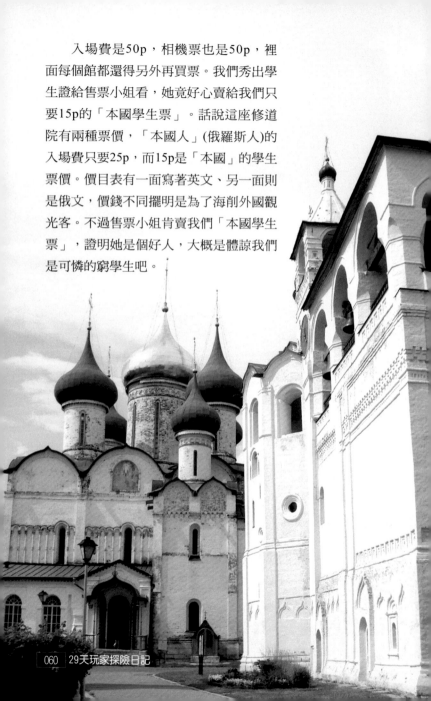

入場費是50p，相機票也是50p，裡面每個館都還得另外再買票。我們秀出學生證給售票小姐看，她竟好心賣給我們只要15p的「本國學生票」。話說這座修道院有兩種票價，「本國人」(俄羅斯人)的入場費只要25p，而15p是「本國」的學生票價。價目表有一面寫著英文、另一面則是俄文，價錢不同擺明是為了海削外國觀光客。不過售票小姐肯賣我們「本國學生票」，證明她是個好人，大概是體諒我們是可憐的窮學生吧。

　　進到修道院拍完照後，預計欣賞16：00的敲鐘表演。
這座鐘樓不是只敲個幾下報時而已，而是用大小不同的
鐘，敲出像是音樂的鐘聲，十分特別。音樂鐘聲長達八分
半鐘，中途還會換人接力，好完成這曲報時音樂。

下雨了

　　這時天空響起轟隆轟隆的雷聲，似乎是一種預告，
提醒大家快下雨了。路旁的小販慌忙地收拾著，顯然待會
兒真的會下雨，這可不是開玩笑，我們四個人只帶了一把
傘，還是快閃吧！走到小巴下車處，真的開始下起雨了。
到俄羅斯遇到的第一場雨，慶幸它是下在我們要回程時，
不至於破壞對蘇茲達爾的好印象。

修道院中的教堂　　　　　　　　　　　　　音樂鐘樓

飯店內的豪華自助早餐

07.10 · 弗拉迪米爾

　　我們猜弗拉迪米爾市區應該不大,所以決定睡飽一點、早餐多吃一點,弄到10:00才出門。搭上公車在舊修道院前下車,今日要遊覽的景點都在這條大道上了。

　　天氣依舊很熱,一直走到聖母昇天教堂旁的公園樹蔭下,才覺得有些許涼意。這裡景色不錯,可以看到河流、鐵道及遠方漂亮的橋。

　　市區能看的景點真的不多,加上星期一有許多點不開放,只能看看外觀而已。走到黃金門,就是本日的遊程終點了。

　　我終於了解為什麼旅遊書上的照片都只放局部,因為這附近有一大堆電車線縱橫穿梭空中,不論怎麼閃躲都還是會拍到。

聖母昇天教堂

黄金門

聖母昇天教堂

Information

AMAKS—GRAND HOTELS
地址：Chaikovskogo str.27
電話：+7（4922）248807
Email：goldring@amaks-hotels.ru

買火車票總是不順

我們走回火車站，試著買往下一站葉卡特琳堡的車票，心想：這次總該賣給我們了吧！沒想到還是不能買，要我們16：50再來。原來前三個小時，不是指列車發車的前三個小時，而是指這一站出發的前三個小時。

票價好貴唷！二十一個小時的車程每人要價3752.5p，旅伴們一直喊吃不消。之後，還有一段三十幾個小時的，恐怕會更貴吧！

19：27車子進站了，走好遠才有地方可以越過鐵軌到我們的車子那邊。雖然時間很充裕，但沒上車前還是會擔心來不及，加上拖行李趕路實在是很累。上車之後，發現竟然沒有餐盒，搞什麼鬼啊？這麼貴的車票竟然沒有東西可以吃？

語言不通好困擾

等車子開動之後，嘉琪就跟服務小姐要餐盒，還拿之前拍的照片給她看。過了一會兒，小姐再度出現，帶來四個塑膠袋，裡面各只有一塊小蛋糕及兩片酸麵包。唉～還是自己泡泡麵比較實在。但是，當我們開始吃泡麵的時候，小姐又端來四盤通心麵，上面加了一些泡菜及一塊魚。咦？該不會是要收錢吧？小姐笑著搖頭。早說嘛！如果知道車上會供餐，我們就不用吃泡麵了，這也才明白為什麼車票會這麼貴。

語言不通，真的非常麻煩，像我就永遠弄不懂為什麼俄羅斯的車票竟然差異這麼多。還有，書上都說火車上會有人來收床單費，但這三次搭車都沒有遇到，不知是為什麼？不過，仔細看看這次買票附的藍色單據，上面寫著30p，說不定就是床單費？不過一切只是猜測，沒人能給我答案。

羅宋湯　　雞肉飯

07.11・葉卡特琳堡

　　臥舖火車還挺舒服好睡的，反正晚上才會到達目的地，乾脆就睡到自然醒吧！醒來沒多久，小姐又送來四個塑膠袋，同樣是一塊小蛋糕加上兩片酸麵包，這次還多一支湯匙，顯然待會兒還有其他的東西——一人一碗羅宋湯及雞肉飯。雖然我不太喜歡俄國米飯，吃起來粗粗的，很像穀類，但是車上能夠供餐，還是覺得很不賴。

抵達葉卡特琳堡（Yekaterinburg/Sverdlovsk）

　　葉卡特琳堡和莫斯科整整有兩個小時時差，原來應該在20：39下車（當地時間），但卻足足晚了一個小時才到達。快到站時，車上的服務員會來收床單，乘客得自行動手拆下交回。

　　下車之後，先去買明晚往克拉斯諾雅斯克（Krasno-yarsk）的車票，由於被莫斯科往葉卡特琳堡這一段票價嚇到，又擔心錢不夠，所以秋月她們想買三等的車票就好。沒辦法，只要有一個人不坐二等，我們就無法專享一間包廂，那就失去買二等的意義了。好吧，三等就三等吧！

　　沒想到三等的車票竟然這麼難買，只剩下兩個位置，那只好還是買二等的囉！共有三班夜臥，但只剩下No.340這一班有位置。這應該是一班慢車，因為上車時間比我們預定得早，但下車時間卻比預計得晚，一共得搭三十八

個小時半。神奇的是這一段同為二等艙，票價竟然只要2731p。大概慢車比較便宜吧？who knows？

俄國司機

出站後拿出「LP」，打算叫計程車去旅館。這時候走過來一位司機問我們要去哪？一聽會講英文，嘉琪跟秋月馬上問他附近有沒有便宜的旅館？他說有一個人350p的，但載我們去的計程車費要300p，還說50p是計程車費，250p是他靠腦子提供資訊而應得的酬庸。

我是覺得俄國佬講話就是這種調調，聲音又大。不過，嘉琪覺得他口氣很差，還覺得被威脅，並不想理他。後來，她們找了一個看起來像背包客的人詢問，不過很不巧，他來這裡是住朋友家。

蝦米！旅館不提供熱水

最後，還是決定去俄國司機說的那間旅館瞧瞧，並且表達我們的立場：如果不滿意的話，就要載我們去「LP」介紹的旅館，還不能多加錢。旅館真的離車站不遠，秋月她們進去看了之後，很生氣地說：「這間旅館怎麼沒有熱水？」司機說葉卡特琳堡這裡都是這樣，夏天都不提供熱水的。這我倒相信，比起冬天零下五十度的氣溫，這樣的天氣對他們來說已經夠溫暖了。就住吧！反正只睡一晚而已，連行李都不用打開。

沒熱水，也就沒人想洗澡。哇！二天沒洗了，接下來又是兩天待在火車上，相信到了克拉斯諾雅斯克時，我們身上鐵定有異味。

教堂門口的告示牌

葉卡特琳堡半日遊

　　如果要參加葉卡特琳堡的半日旅行團，一個人要付20
～27歐元，不如租一輛車來得划算。我們將所有要去的地
方全寫在一張紙上，看看司機收多少錢──第一台車子開
價2500p，太貴了；第二台只要1200p，平均一個人300p，
就能參觀附近所有的景點，這價錢親切多了！

沙皇處刑地

　　本來我們請司機先去較遠的景點，但他似乎覺得近的
先去比較好。所以第一站就到了這個沙皇被處死的地方，

現在已經蓋了一座大教堂，妙的是，一旁告示牌上畫了一個女人頭，上頭打上禁止標幟，還有一個男人頭也是。怪哉，莫非不管男的、女的都禁止進入嗎？當然不是囉！看清楚，是「戴帽子的男人」、「沒包頭巾的女人」不可以進去。

雖然我們沒有包頭巾，但利用其他人進出、推開門的剎那偷看是可以的，不知道為什麼今天（禮拜三）也有人在作禮拜，而且還唱著歌呢！

沙皇處刑地的教堂

城區湖

城區湖看起來很普通，但我想，如果下午閒來無事時前來坐坐，一邊欣賞湖中的划船景象，氣氛應該會好很多。

接下來我們遊覽了兩處紀念碑，司機應該會覺得很奇怪：為什麼這四個東方女生會對這些刻滿名字的紀念碑感興趣呢？

紀念碑

歐亞界碑

本日的最重點就是「歐亞界碑」啦！一腳跨歐洲、一腳跨亞洲，並且拍照留念。其實仔細想想，這有啥好玩的？不過既然都到了俄羅斯，有機會站在這裡留下歷史見證也不錯，我們四個都拍了很多張照片，其中不乏搞笑照哩！

司機說還有另一個界標，但是距離一百公里之遙，要去就得加錢。我們討論過後，決定不去了，界標拍一個就好，多了就顯得無趣。接著我們打道回市區吃飯去。這幾個地方來回三個小時就足夠，雖然有點遠，但應該還可以比1200p便宜一些。

MOOK介紹的「GANS」餐廳

司機最後送我們到「GANS」——MOOK上推薦的餐廳。菜單只有俄文及德文兩種,我請服務生拿德文的來看看,看了半天並沒有看到雜誌上介紹的商業午餐,只好再叫服務生一次,他才送來商業午餐的單子。因為只有俄文,只好一邊聽他講解、一邊選菜,還好他會說英文。

商業午餐170p,有沙拉、湯及甜點二選一、主菜、配菜及飲料,還算挺豐盛的。吃飽也沒別的事,就在這邊一直待到快16:00。直到覺得再這樣坐下去也不是辦法,還是去逛逛吧!

沙拉

湯

主菜盤

黃色潛水艇

我們選擇到MOOK上介紹的「黃色潛水艇」瞧瞧。可是書上的地圖畫錯了，讓我們在那邊繞半天也找不到，只好問人。

問路也是有技巧的，目的地是一間Bar，若問年紀太大的，幾乎都沒聽過這地方，若改問年輕的帥哥、辣妹的話，知道的機率就大很多。最後，終於找到了，是在離地圖好遠的地方，我們進去喝杯啤酒，可惜現場演奏要等到21：00才開始，但是我們晚上得搭火車，沒辦法待這麼晚，只好早點離開，先去車站比較保險。

便宜的「自然空調」火車

　　火車來了，才知道為什麼同是「二等」車，這次卻能坐得比較久、也比較便宜──因為這列是「自然空調」的火車啦！因此，車廂裡有點髒，窗戶打開就有很多灰塵飄進來。而且之前的車票含床單費，但這次開車之後，服務小姐就來收床單費了，一個人是45p。當然，這麼便宜也別指望供餐，有熱水沖泡麵就不錯了。

　　第三天沒洗澡了，感覺真奇妙。

火車站

黃色潛水艇

07.13 · 長途火車日

漫長的搭車時間

如果搭長途火車，漫長的時間就得自己設法找樂子：看風景、和同伴聊天、聽音樂，如果一個人的時候，乾脆就沈思吧！這三十八個小時半的坐車時間，大家最期待的時刻就是火車靠站，如果是大站，大多會停個二十至三十分鐘，可以趁機下去放放風、買點東西吃。

秋月她們買到一個10p的魚卵排，整個都是魚卵做成的，有點像沒有風乾的烏魚子，新鮮好吃，應該十分滋補吧！

月台上的小販

07.14・克拉斯諾雅斯克

終於抵達克拉斯諾雅斯克

　　長達三十八個半小時的火車行程，時間雖多，卻總覺得睡不夠，因為即使是臥舖，不過一路上搖搖晃晃，也不算得到充分休息。偶爾一晚還好，如果要坐完整條西伯利亞大鐵路，一定會頻繁地在車上過夜，沒有好的耐性及好的體力是萬萬辦不到的。

放棄天價的四天三夜tour

　　下車之後，我們首先去找Sayan Ring Travel，但是到辦公室時卻發現空無一人，打電話也沒人接，透過旁邊一家旅行社打電話，才知道原來他們搬家了。

　　旅行社的小姐過來接我們去新的辦公室，開始討論我們的行程。經過計算，四天三夜的tour，含吃、住、交通（不含火車票）、喉音表演、薩滿儀式等等，要價630美元。

　　哇咧！真是天價，本來打算8000p「打死」的我們，覺得差距太大了。小

火車站（克拉斯諾雅斯克）

姐就開始刪表演、博物館等行程，但是英文導遊沒刪，一個人還要370美元。

開始一個人的旅程

好吧！看來只好放棄旅行社了。本想靠自己的力量繼續玩下去，可是嘉琪她們覺得這趟實在太貴了，打算住一晚後直接去貝加爾湖；我則是想：一輩子能有幾次機會到俄羅斯中部來？不去看一下哈喀夏及圖瓦共和國，實在不太甘心。即使她們都不去，我也要自己一個人去。

一個人買tour會更貴，所以我只買到去哈喀夏的首都阿巴康（Abakan）的車票，其他的，就到時候再說囉！「LP」有介紹哈喀夏當地的tour guide，說不定會比較便宜；如果真的找不到，屆時再逛回克拉斯諾雅斯克這裡也比較甘願。

雖然僅剩我一個人，我還是買了二等車廂（kupe）賭一下運氣，旅行社請了一位小姐陪我去買票，只要付她150p的佣金，就完全不用擔心溝通的問題，還陪我找到車廂為止。

哦～這次才知道，原來車廂未必按號碼排，我的NO.26車竟然在1號車之前，害我們從車頭走到車尾。唉～俄羅斯！！！

一開始車廂裡只有我及另一位男生，但他沒有租床單，11：00左右就下車了，換了兩個俄羅斯婆婆上來。耶，可以安心睡了，今天運氣不錯。

07.15 · 阿巴康

夜裡真的超冷，有點後悔昨天沒把羽毛衣拿出來蓋。下車前，趕緊換上長袖長褲，萬一感冒可就不太妙了！腦中早已記好往旅館的路，一個人獨自旅行時，千萬別讓人覺得我對此地很陌生，這樣才不會被騙。所以我出了火車站，馬上往旅館的方向移動，不理會那些前來攬客的計程車司機。

哈喀夏首都——阿巴康

清晨的阿巴康挺安靜美麗的，就像到了鄉下一樣，人不多，感覺很舒服。我要找的「Abakan Tours」位於Park Otel裡面，但我到旅館的時間好像太早了，旅行社的人還沒過來；還好，櫃台小姐幫我打電話找到人，對方請我先去房間休息，他大概四十分鐘以後會到。

這間旅館有點貴，但是很不錯，房間都是雙人房，裡面還有一個小會客區可以看電視，甚至還有衣帽間。房價從1100～1600p不等，我住在二樓的3號房，一晚是1300p，這個價錢如果兩個人分攤，還不算太貴，一個人就稍嫌多了一點。但是一想到已經五天沒洗澡，現在終於可以先進房把全身洗個乾淨，也就懶得再去找其他旅館了。

阿巴康一日遊

導遊來了之後，他建議今天先逛逛阿巴康就好，明天再去圖瓦—科其爾（Kyzyl）。今天的行程有兩種選擇：一

Martyanov Museum

是選擇九十公里左右的國王谷，來回約兩小時；二是去走小薩陽圈（small sayan ring），全程三百二十公里，約需七個小時。我考慮了一下，覺得第二個行程比較理想，才不會浪費寶貴的一天。

決定好行程，導遊叫我先休息一下，他去幫我聯絡車子及科其爾的旅館。09：50，他來敲我的門，他說計程車要1500p，

古色古香的老建築

博物館創辦人

照相券

門票

長毛象的象牙及骨骸　國王谷墓穴模型　墓穴周圍的佈置　石雕

太貴了。他今天剛好沒事，可以用他的車載我去，但要付給他1200p。雖然不知道他是否真的有去叫計程車，但想想，有個會說英語的人跟著，才比預算多200p，算是划算的啦！

第一站：昔日大城Minusinsk

沿路導遊熱心地介紹：阿巴康源自於哈喀夏的一個傳說，「Aba」指的是熊，「kan」指的是血。從前有頭熊在此地流了血，碰到土地之後生出了水，形成Abakan河，日後發展出阿巴康這座首都。

從前的Minusinsk也是大城，但自從火車通到阿巴康之後，阿巴康不斷地發展，而Minusinsk反倒停滯了，所以這裡還保留許多老房子。

哈喀夏八角帳篷

墓穴周圍的石雕

　　我在Minusinsk參觀了一座很棒的博物館「Martyanov Museum」。當然我得幫導遊另外買一張門票，才能讓他跟著我進去。雖然我們沒去國王谷，但這裡面有一間擺放從那裡搬來的石頭們，還有模型解釋整個墓穴的結構，恐怕親臨現場還無法看得這麼詳細哩！

傳統服飾

第二站：Shushenskoe

　　這裡總共有三十九棟木造的老房子，有富人住的、也有窮人住的，值得一提的是列寧住過其中兩間，（原本的房子不在此地，後來才搬遷過來集中。）一間是他結婚前住的，比較小，另一間是結婚後，和他媽媽及太太一起住的大房子。從內部的陳列擺設推想，他應該是個儉樸的人。

監獄裡的俄羅斯浴場

五金行　　賣酒的店　　布店

　　西伯利亞的傳統老房子都大同小異：一棟住家，旁邊另有一棟儲藏室、一棟工具間、一間澡堂。不論是大是小，基本上這些房舍都少不了。又因為這裡的人來自四面八方，所以每家圍籬樣式皆有不同，風格各異。

養蜂人家

監獄

　　除了列寧故居之外，我們還參觀了養蜂人家、商店、酒吧及監獄。酒吧和現在不同，純粹是個賣酒的地方，因為以前不可以在酒吧裡喝酒，只能買回家裡喝。而監獄的圍欄有五公尺那麼高，受刑人白天必須在村子裡打掃，只有晚上才回到監獄過夜，有趣的是，竟然連監獄都有俄羅斯浴場（Bayan）。

第三站：Sayano-Shushenskaya Dam

　　這是俄羅斯最大、世界排行第四的水庫。我們抵達時，正在進行調節性洩洪，因為前幾天一直下雨，導致整個葉尼塞河的水位暴漲，我們沿途開上來，發現水幾乎都要滿出來了，導遊先生還說他從未見過這麼高的水位呢！

　　從這裡沿著葉尼塞河一路回阿巴康，途中經過一大片草原，還有牛、馬毫無畏懼地在路上大搖大擺地走著，在鄉村的感覺真好。

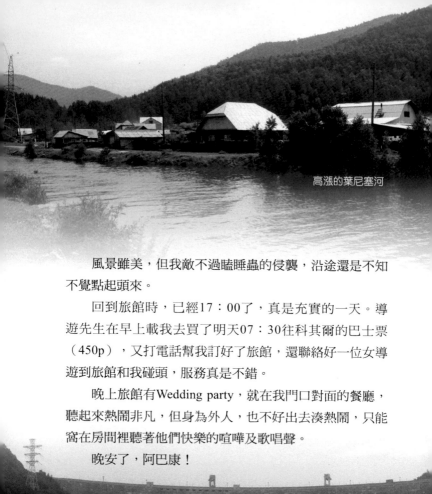

高漲的葉尼塞河

　　風景雖美，但我敵不過瞌睡蟲的侵襲，沿途還是不知不覺點起頭來。

　　回到旅館時，已經17：00了，真是充實的一天。導遊先生在早上載我去買了明天07：30往科其爾的巴士票（450p），又打電話幫我訂好了旅館，還聯絡好一位女導遊到旅館和我碰頭，服務真是不錯。

　　晚上旅館有Wedding party，就在我門口對面的餐廳，聽起來熱鬧非凡，但身為外人，也不好出去湊熱鬧，只能窩在房間裡聽著他們快樂的喧嘩及歌唱聲。

　　晚安了，阿巴康！

07. 16 · 科其爾

十個小時的孤獨移動

下雨天的移動真是煩人，衣服、褲子、包包都濕了。不過想想，還好是今天下雨，往科其爾的巴士長達十個小時，這樣的一個下雨天並不影響行程；如果是昨天下雨，肯定很掃興。

到巴士站，有兩輛巴士停在那裡，本以為我搭的應該是那輛爛巴士，拿出票一問，好險不是。科其爾距離阿巴康有四百多公里，但中間隔著薩揚山脈，所以需要花費較長的時間翻山越嶺。車子在平緩的山林間奔馳，讓我一度以為會提早到達目的地，直到領教上坡時的龜速，才知道當地人的話不能不信。看來，只能認命地與這輛巴士相處十個小時吧！

車上播放著我看不懂的笑劇，讓我自覺彷彿是個誤闖異境的怪客，只想安份地蜷縮在自己的小角落，盡量不引人注目。在這個接近中亞的地方，有太多黑頭髮、黃皮膚的亞洲人，不說話就沒有人會發現我是外來客，加上俄羅斯人的態度「很冰」，即便是坐在身邊的陌生人，也不會說上半個字，所以這真是一趟安靜、漫長的旅程啊！

薩揚山脈下寬闊的草原景色

山林小溪在一路上坡之後消逝了，取而代之的是一大片一大片無限寬闊的大草原，在薩揚山脈映襯下，異常地

連豬都出來散步了

大家都堅持到最後一分鐘才上車

美麗。這裡已不再下雨了，天空雖然不算清朗，不過朵朵白雲點綴其間，使得顏色豐富了起來。

我想，大家最期待的就是每三個小時一次的休息時間吧！公路旁的休息站，設置了極為簡陋的廁所，美其名是「廁所」，其實就是一間木房子蓋在一個大坑上，幸好這個坑挖得夠深，底下成千上萬人留下的「產品」不致離我太近，當然也就別指望有什麼沖水設備，連洗手都免了。

大家總是在巴士旁邊站到最後一分鐘才願意上車。我不禁開始懷念起火車來了，空間大很多，要坐、要站、要躺，都不是問題。

鄉下地方真的很有趣，今天還看到豬在路上散步了，莫非這裡的治安真的那麼好，這些牲畜都不會搞丟嗎？

可愛的導遊小姐Tatiana

17：00，太陽正大的時候，終於進入科其爾市區了。雖然阿巴康的導遊跟我說必須自己前往旅館，但是我很擔心這邊的導遊小姐會一時心血來潮，跑去巴士站接我，所以我還是到了巴士站才下車。

果然，當我一下車，一位可愛的小姐出現了，讓我慶幸剛剛的決定是正確的。她跟另一位看起來很親切的老爹（之後的科其爾行程由他負責開車）帶我到「Hotel Odugen」。運氣不錯，住的308房的陽台就正對著葉尼塞河，隨時有美景可以欣賞。

導遊小姐的名字叫做Tatiana，我請她先查回克拉斯諾雅斯克的飛機或共乘計程車，這應該都比巴士快得多。

明天是星期一，博物館沒開，也沒有任何喉音表演的音樂會，真慘！來得不是時候。好吧，就隨意逛逛好了，看看能否發現什麼不一樣的東西。

陽台看出去的河景

真不知俄國簽證是怎麼辦的？

旅館的櫃台先生寫住宿登記時，他問Tatiana為什麼我簽證上的名字和住宿登記卡上的不同？這問題我一直都沒發現，直到今天他說了我才仔細端詳了一下。

住宿卡上因為都寫著俄文，所以我是拿邀請函出來抄的，現在一看，邀請函上的俄文名字真的和簽證上的不同，為什麼呢？當初是附邀請函去辦簽證的，為什麼會寫不一樣，真奇怪。

所幸一路上都沒有被警察發現，不然可就慘了。等把護照拿回來時，要記得把英文名字寫在住宿登記卡上，以策安全。

Tatiana說，太晚別出去，等會兒如果要逛逛的話，也不要離旅館太遠，還說這邊治安不太好，別試圖和任何人說話，因為她很肯定這些人都不會說英文。科其爾不大，明天她會帶我走遍所有值得一看的景點，每小時收費100p，如果搭車的話，車也是每小時100p。

我跟她約好明天10：30碰面後，她就先行離開了。

有一頓沒一頓

趁著天還很亮，我出去逛逛有啥可吃的，走了很久很久，都已經到主要大街了，仍不見任何可以吃的東西，看來，只有往超市去了。想到包包裡還有啃了一半的麵包，所以買瓶水及果汁就可以，不然除了餅乾、麵包，還真的不知道能買到什麼吃的。

很慘，來俄羅斯兩個多禮拜了，還是很少看到能用餐的餐廳，真不知道當地人都吃些什麼？難道都不出門吃飯的嗎？害我餅乾、麵包吃膩了，索性就什麼都不吃，瘦了好大一圈耶！

07. 17 · 科其爾

科其爾一日遊

雖然「Hotel Odugen」的房間不錯，但是那個早餐實在是不怎麼樣。首先，烘蛋裡面充滿了火腿，這叫我怎麼吃呀？然後還有那個咖啡，只放糖沒有奶，還不如回房間泡我帶來的三合一咖啡算了。

Tatiana很準時地出現在旅館門口，她說某位官員從莫斯科過來，所以路上一堆「條子」，車子沒辦法開過來，得走一小段路去搭老爹的車。

換盧布不用手續費？

我身上已經沒有盧布了，得先去換錢，不過這裡銀行的匯率較差，換個300美元就好了。由於旅館要到退房時，才肯還我護照，我只好借用Tatiana的護照換錢。

老爹不僅熱心奔走──拿Tatiana的護照去影印，還先用手機算好會換到多少盧布給我看。換好之後，還要我先算算對不對，感覺好像是父親跟在旁邊，一切都打點得好好的。雖然這裡的匯率不佳，卻不用扣手續費，唉！我總是弄不清俄羅斯的「遊戲規則」。

因為明天沒有飛機也沒有共乘計程車去克拉斯諾雅斯克，所以Tatiana建議今晚就搭夜巴走，在車上睡覺度過

一晚，會覺得時間過得比較快。於是，我們前往巴士站買票，從科其爾出發，得再到阿巴康換車，一路都坐巴士，比較便宜，只要八百多盧布，就可以抵達八百五十公里外的克拉斯諾雅斯克。

老爹依舊關心地問東問西，然後叫Tatiana翻譯給我聽：「車子是不錯的、不用擔心，到阿巴康之後，約等兩個小時就可以搭上往克拉斯諾雅斯克的車，大概15：00、16：00到」。

車票買好了，照理說得先回旅館把行李拖出來，省得多付一天的住宿費。但是老爹他們說不用擔心，先去玩，回來還可以洗個澡再去搭車。嗯～好吧，這樣是會舒服一點，而且昨天已經跟櫃檯說要住兩晚了，就算現在去拿行李，說不定錢照算，算了，不差這一些啦！

許願彩布、九眼湧泉

科其爾有兩座橋可以跨過葉尼塞河，我們走了其中一座，據說這附近有很多Spring（湧泉），但都在另一岸。車子到了對岸要轉進小路時，一輛警車擋在那裡，應該是那位莫斯科官員等會兒要來吧！老爹還對著他們一直說：「從台灣來的……。」還是不管用，只好轉去另一處。

這一處據說比較小，但也號稱具有療效，旁邊綁了很多彩色布條，想許願的人就多綁一條上去。老爹拿出一

具有療效的
九眼湧泉

許願的彩色布條

九眼小杓

支九眼小木杓給我,說是為我準備的,這裡就叫「九眼湧泉」。用木杓九眼的部份,把水舀起來灑在地上,就是一個祭天地的方式啦!有人帶了好多水瓶來裝,看來的確很有吸引力,我也來喝幾口,希望保佑整趟旅程無病無痛。

老爹的那一句「For you」,感覺好貼心。

亞洲中心紀念碑(Centre of Asia)

「LP」上介紹著,如果把歐洲剪掉,整個亞洲的中心就落在科其爾這裡,於是當地就立了一座紀念碑讓大家拍

照紀念。這個具有指標意義的地方沒什麼看頭，但旁邊的景色不錯。從這裡可以看到兩條河交會成葉尼塞河，所以薩滿巫師覺得這附近充滿能量，於是在旁邊設立了帳篷（Yurt）及辦公室。

Tatiana似乎不太喜歡現在的薩滿巫師，她說「薩滿」是一種精神，巫師們是幫助人與自然界——像風、水、森林，這些精神溝通的媒介，但是現在變成一種商業行為。到薩滿巫師的辦公室，他會遞給你一張價目表，上面寫著看病多少錢、問事多少錢、家裡不平安多少錢。最恐怖的是，聽說有人只是去參觀巫師的帳篷、拍了照片，就被索價2000p，所以她不斷叮嚀我如果接近帳篷，可千萬別亂拍照。

嗯，小心一點好了，遠遠照帳篷外觀應該就沒關係吧！

亞洲中心紀念碑

　　後來我終於曉得為什麼Tatiana要這麼小心了，因為這裡很多人都講圖瓦語，並不會說俄語，而她只會說俄語跟英語，會圖瓦語的老爹不在身邊的話，萬一遇到不會講俄語的當地人，可就有理說不清了。

　　本來我想去 Lake Tuz Khol，那是一個像死海的湖，很鹹，所以身體可以浮起來。但是來回要三個小時，時間很趕，加上這裡連下了兩星期的大雨，很多路段都毀壞了，只好作罷。

　　想想我也挺幸運的，在阿巴康時也是連下了四天的雨，但我到時，雨停了，走了又開始下。來到這裡，之前下了兩個星期的雨也停了，今天晚上準備離開，不知道會不會又開始下雨？

找不到喉音表演的CD

　　聽不到現場的喉音表演，去買張CD過過癮也不錯，但是走了好幾家唱片行都沒有。看來時代在變，這種特殊技藝只剩下觀光客感興趣，當地人反而不當一回事，這也難怪很多古老的技藝會失傳，可悲！

　　就在我準備放棄的時候，在一間商場裡發現一片盜版的mp4，是演唱會現場錄影的，上面還有「Unesco」的標誌，要價200p。請店員試播之後，發現錄得不怎麼樣，本來不打算買了，但是，都千里迢迢來到這裡，還是帶回去好了，至少可以跟大家分享一下這種表演。另外我還買了一片流行樂的mp3組合，當然這也是盜版的，200首mp3放成一片，只賣100p。

　　別怪我，他們沒有正版CD，不是我的錯啦！

司機老爹的堅持

在我們逛得差不多時，Tatiana打電話給老爹，他會來載我們去早上沒去成的湧泉。這回車上多了一個也是紅棕色頭髮的媽媽，我猜他們大概是一家人。沿路老爹講了一些東西並請Tatiana翻譯給我聽，好像沒讓我知道是多麼可惜的事。

到了湧泉後，我終於知道為什麼他堅持一定要帶我來，這裡的規模比早上那邊大很多，附近的樹上留下很多許願的彩色布條。早上那裡是治病的，而這裡則是「力量之泉」。老爹準備了三個杯子，不過Tatiana並不想喝，一個二十三歲的新時代女性，會視這些傳說為無物，似乎也挺正常。而我則是和老爹一起快樂地品啜著力量之水，相信它會賜給我力量，好完成之後剩下的旅程。

老實說，這裡的水真是清涼甘甜，感覺上比經過爛水管流出的自來水健康多了，有人帶著一大堆瓶子前來裝水，顯然這裡對某些人來說，還是別具意義。

喇嘛廟

點蠟油的櫃子

買蠟油

薩滿信仰

　　湧泉旁邊的佛塔裡有一尊佛像供人參拜，科其爾市中心也有一間廟，不過和台灣的廟極不相同，這裡的佛教是有喇嘛的那一種，十年前達賴還曾拜訪過此地。

　　這裡的人到廟裡參拜，和台灣一樣也會點蠟燭，只不過點的是液體的油。有趣的是這裡沒有任何一間洋蔥教堂，為什麼？應該是他們信奉薩滿吧！精神是存在風中、雨中、森林、河流中的，沒有形體，自然不用供奉囉！大概因此就不需要教堂吧！

信徒繞廟行走

我與Tatiana　　　　　　　　　　司機老爹

別具意義的地標

回程時，我們繞另一條路，從另一座橋回到科其爾。在路上可以看見進入科其爾前的地標：一隻跪著喝奶的小鹿。

Tatiana說，大鹿代表的是「俄羅斯」，而小鹿代表的是「圖瓦」，背後意涵著圖瓦像小鹿一樣吸吮俄羅斯的奶水。圖瓦這裡絕大部份的土地是山脈，本來就無法生產什麼東西，加上許多年輕人往大都市遷移，哪能有貢獻什麼？也許是政令宣導，要圖瓦人記得俄羅斯無私的給予，但聽Tatiana說來似乎別有一番侮辱的意味呢！

看看老爹及媽媽的反應，似乎並不討厭這個地標，或許他們只單純地想到一個大國及一個小國的意義，就像Tatiana說的，圖瓦人只為今天，只想今天，不像其他地方的人想著明天、甚至是明年，所以他們活得快樂。

熱情的老爹、奇妙的緣份

回到旅館付房錢時，櫃檯人員問我幾點要離開，最後只加收超時費用，看來這裡真是個純樸的小鎮呀！

19：30，老爹和Tatiana來接我去巴士站，今天一整天的導遊跟車資，總共收1100p。本來只要把人送到車站就好了，但是老

爹停好車後，還陪我去等車。此時我才知道他和我一樣，也是個物理老師，一個月薪水500美元。

巴士終於來了，他細心地交待司機、服務員，說我是台灣來的，要去克拉斯諾雅斯克。緣份真的是很奇妙，我竟然搭到來科其爾的那班車，同樣的司機、同樣的位置。巴士司機跟老爹說他認識我，一切沒問題啦！直到我上車了，他們才離去。我想，我會懷念這裡的。

車上挺空的，我隔壁位置沒有人坐，這樣空間大一點、舒服一些。21：30車子停在休息站，不必太費心尋找，跟著大家走，自然會看到廁所。照例，又是坐落田間的兩棟小木屋，一邊男生，一邊女生。這次更有趣，裡面沒有隔間，意思是進去廁所之後，裡面有兩個洞。遊客中有對姊妹，其中一位在廁所前招手要我進去。和一個陌生女子一起脫褲子尿尿，這可是頭一遭，差點尿不出來，但她們似乎都習以為常。

出來之後，她問我：「一個人？」我點點頭。

「去哪裡？」

「克拉斯諾雅斯克。」當她再問我其他的問題時，我就聽不懂了。

坐落在田間的廁所

07.18 · 克拉斯諾雅斯克

04：30，車子抵達阿巴康火車站前的巴士站，天還沒亮透，冷得叫人直打哆嗦。眼看著大家都下車了，我也跟著下車。拖出我的行李後，第一件事就是拿出羽毛衣穿上，不然恐怕會失溫倒地。

接著，該去哪裡度過這兩個半小時？總不能站在路邊吧？司機把車停好之後，招招手要我上車繼續睡，還開行李箱讓我把行李放進去。喂！不早說，害我跟著大家下車。

車子不動就好睡多了，趕緊把握機會補眠一下。當然車上不只我一個，不然怎麼可能安心入睡呢？

廁所情誼

06：30，我被旁邊轟隆隆的爛車聲吵醒，正在納悶只剩半小時就要發車了，為何不見司機放人上來？突然發現昨天那對姐妹站在路邊狐疑地望著車上的我，一切都摸不著頭緒之際，傻傻地等到07：00，直到司機來招手叫我下車，他幫我拖出行李箱，指了旁邊那台爛車，原來那台沒有空調的爛車才是我下一趟的旅程。當然，姐妹花也上車了，她們剛剛應該是覺得我上錯車了，才會有那樣狐疑的眼神。

車子停休息站時，我滿懷著好奇心，進去裡面看看都賣些什麼，因為我的肚子早已餓得咕嚕咕嚕叫。我記不清楚多久沒吃到像樣的食物，但那裡的食物不太能勾引我的食慾。後來姐

妹花也進來了，她們點好餐後，特別問我要不要吃點東西？

　　這算是「廁所情誼」嗎？因為昨天一起上過廁所，所以額外關照我一下。當然，有人可以幫忙翻譯，就得趁機點些東西。「茶？咖啡？」我都搖頭不要，指了指旁邊有人在喝的熱湯，「我想要那個。」那是碗馬鈴薯、紅蘿蔔肉湯，是我在台灣絕對不想喝的東西，無奈身在異鄉也只得將就。

俄羅斯人難溝通？

　　俄羅斯人也許不這麼難溝通，當你真正放棄英文的時候，就是和他們溝通的開始。大家都說英文是國際語言，或許俄國人就無法認同這點。連俄國藥局的藥劑師都不懂英文，顯然他們把所有的知識、資訊都俄文化了。

　　這不妥嗎？我看未必。學什麼都用母語學習，除去語言障礙，讓學習更迅速、有效。就像之前我觀察到台灣研究所學生上必修課時，常常覺得他們的問題不在於科目的難度，而是在英文的解讀和翻譯上，我們強迫學生用英文來學習一門新的知識，到底是增強還是削弱他們未來的發展，值得再檢討。

　　俄國人在政府全面俄文化的保護下，不用英文也可以快樂地生活著。這種情況會有所改變嗎？我看很難。他們習慣這樣的生活、這樣的環境，俄羅斯並不是一個貧窮到非得靠觀光才可以生存的國家，如果要看到英文普及的一天，有得等囉！

假裝我不是「老外」

　　16：00左右，巴士終於抵達了克拉斯諾雅斯克，反正也來不及搭15：00多的那一班車，我乾脆把步調放慢。

巴士並非停在火車站前，而是在遙遠一端的巴士站，這種距離搭計程車很貴，書上說可以搭1號、7號電車。我跟著人群往站外移動，先不把地圖書拿出來，這樣比較不會讓人一眼識破是個「老外」；並假裝看錶，好像在等人來接我一般，實際上卻是觀察電車站在哪裡。果然，計謀奏效！一旁的計程車都沒搭理我。

　　當我拿出「LP」打算走向前方電車站時，還是被計程車司機發現了，來問我去哪裡？哇咧，去火車站要250p，雖然後來降成200p，我還是不想搭，太貴了。7號電車來時，我把「火車站」的俄文拿給司機看，本來以為他會叫我上車，沒想到他拿紙寫了「81」，叫我去搭公車。其實公車站就是電車站往前走一點點而已，沒多久就順利地搭上公車，只花了8p就到火車站。

體驗火車站的休息室

　　進去火車站後，就到售票窗口排隊，下一站準備到伊爾庫茲克。本以為23：00右就可以上車，沒想到售票員在紙上寫了「21：49」——這是莫斯科的時間，換成克拉斯諾雅斯克的時間是01：49。沒辦法，沒有更早一點的火車了，但我拖著行李去哪都不方便，幸好這個站夠大，樓上設置了休息室（КОМНАТЫ ОТДЫХА），那就去體驗一下囉！

在樓下櫃台繳交休息費，拿了護照登記之後，服務人員會分配給你一個寢室。我是503室，這間四人房附設衛浴及電視，空間寬敞明亮，十二個小時只需290p。這休息室真的不錯，房間裡另外三個人都是女的，不會有男女混住的問題。雖然位於火車站，但一點都不吵。上電梯之前還有一個警衛負責管制，不是住客就不能上去，所以相當安全。

放好行李，第一次「輕裝」在火車站裡鬼混、四處考察一番。首先看看人工作業的行李寄放處，要寄行李的人得先在旁邊的窗口買票，45p、60p不等，價格不同可能跟行李的大、小件有關。然後拿給門口的人，他會把行李拿進去。隱約可以看見裡面有不少人正在搬運、擺放，地方頗大的，門口也擠了一大群要寄、要領行李的人，但因為只安排一個人負責對外聯繫，超沒效率。

接著，我找到服務中心裡的電腦，使用網路十分鐘10p，但運氣不好，剛好壞掉不能用；旁邊還有關著的銀行，不能換錢；可代買火車票及提供資訊，不過我已經買好票了，所以這個服務中心對我真是一點幫助也沒有，還是上樓休息好了。

站前廣場

07.19・伊爾庫茲克

愛找麻煩的警察

01：00時我整裝下樓，在進月台前的大看板下等著，車子01：23左右進站，停靠二十幾分鐘，時間很充裕。

剛剛在樓上大廳時，遇到一個警察要盤查護照，翻一翻之後就讓我走了。不料下樓後，在看板前又遇到另一位警察，還要再盤查一次。煩不煩呀！吃飽沒事幹，一堆警察大半夜在看護照。但是，這次卻不是看看後就還給我，而是叫我跟他走。搞什麼呀？我讓他看我的車票，但他還是執意要我跟著他走。護照在他手上，我還能如何？

我跟警察到了辦公室，裡面一堆警察，也沒別人，先觀察他要做啥好了。他翻了翻我的住宿登記卡（幸好我已經把英文名字寫上去了），一直問我在克拉斯諾雅斯克時住哪裡？我根本沒有住過那裡，而只是在那裡轉車到阿巴康了啊！

氣死了，我要趕著搭車啦！

但是那位笨蛋警察聽不懂英語。我只好拿出我的日記本，給他看貼在上面的火車票。沒想到他看了車票，還是不放我走。旁邊六、七個警察，有男有女、有老有少，就是沒人會講英語，光站在一旁看熱鬧也不設法替我解圍。

怎麼辦？萬一來不及上車，車票也不能退啊！所以我就一直強調「來不及了」、「快點」（用台語，反正講英語他也聽不懂），還一直敲著我的手錶。這時候一個老禿警察竟然還學我講話，真是欠揍。氣死人了，不會講英文又要找我麻煩，無法溝通就只能僵在那裡，對他到底有什麼好處？無聊！如果要錢就說，趕時間的話我會付，但是他又沒直說要錢，真不知道他在想什麼。

最後他把護照往桌上一丟，似乎是放棄了，我趕快拿起護照，轉身拖起行李就走。到了門口，竟然還不開門讓我出去。要我求他嗎？門都沒有！門口旁邊的小按鈕按了門就會開，怎樣，我就是可以自己離開。

幸好，還來得及上車，不然真的會氣到瘋掉。雖然我一個人，但這次還是買了二等臥舖，人少一些、也清靜點。上車之後，拿出我的護照仔細瞧瞧，看到底問題出在哪裡。我猜是弗拉迪米爾的住宿登記到7月10日，而下一次在阿巴康的登記日是7月15日，這中間的空檔超過三天了。因為期間在葉卡特琳堡匆匆住了一晚就走，旅館太小沒有住宿登記，下次應該翻給他看弗拉迪米爾往葉卡特琳堡的車票，說不定就OK了。

抵達伊爾庫茲克

　　抵達伊爾庫茲克時，雖然已經是21：20了，但天色還很明亮，我怕一出站又碰到警察盤查，膽小地躲在候車室假裝等車，並傳簡訊給佩玲她們。她們應該早就從歐克洪島回到伊爾庫茲克，相信住宿的地方也安頓好了。沒多久就收到簡訊，也許是擔心地點不好描述，她們請旅館老闆叫計程車來接我，也傳了車號來，不致於會上錯車。

　　到了才知道她們住的不是旅館，而是一個俄羅斯家庭的homestay，因為本來要去住的Youth Hostel已經客滿，轉介她們來住的。聽了我的遭遇，她們才覺得事態嚴重，因為她們已經很久沒蓋過住宿卡了。一起住在這個homestay的，還有一個她們在歐克洪島遇到的香港弟弟，他也聽過有人因此被捉去警察局關了八天。所以他明天要把護照拿去Hostel（原本打算住的那裡）蓋住宿章。也許只有大一點、或是有登記的旅館才有住宿章可以蓋。總之，花300p蓋一個省麻煩的章，絕對是值得的。我想順便一次登記到23日，這樣去歐克洪島就不用再花一次錢了。

07.20 · 伊爾庫茲克

利次揚卡村小漁村

本來打算弄好住宿登記章，再去火車站買票，等一切都搞定後，才去利次揚卡村（Listvyanka）走走。但是到了Hostel才知道，必須等到14：00才能辦好。這下糟了，沒有護照的話，我們還能去利次揚卡村嗎？

問了Hostel的小姐，她說沒問題，只有買火車票要用到護照，其他不用。真的嗎？萬一警察又來找麻煩怎麼辦？她一臉肯定地看著我們，一直說「不會」。如果有問題，再請警察打電話來，她會幫我們證明護照留在旅館做住宿登記。我想，大概是這裡的警察沒那麼無聊吧！

這下就可以放心去小漁村逛逛了，我們已經錯過一天只有四班的大巴，遂改去巴士站找小巴搭乘。我們共有五個人，小巴卻只剩四個座位，只得擠一擠了。這種小巴沒有時刻表，坐滿就開，單程70p，比大巴貴20p。

瘋狂小巴

小巴一路狂奔，不知道在追逐什麼，是錢？還是時間？結果只花了一個小時，利次揚卡村就到了。司機似乎都不踩煞車，每逢上下坡時，小巴就像雲霄飛車一樣跟著起落落，叫人吃不消。還好平安到達，真是神明有保佑。

一條街？我看一排攤還差不多

　　一下車就是長長的一排紀念品攤位，仔細瀏覽一下賣的東西，其實每個攤位也都大同小異。這裡又出現在蘇茲達爾看到的木雕品，但價錢貴很多。另外，還有出了莫斯科似乎就不再便宜、漂亮的俄羅斯娃娃。這裡五隻迷你俄羅斯娃娃，從350p起跳，同樣的東西在莫斯科只要150p，記得那時我們還嫌貴哩！

燻魚

　　紀念品攤再往前走幾步有一處賣魚的小廣場，每一家都忙著燻魚。貝加爾湖的特產是歐姆魚（Omul），最簡便的烹調法就是燻熟。而燻的程度也有一些不同，有的只有弄熟而已，有的則燻得近乎是魚乾了。

　　我們決定買幾條魚來吃吃看，為了能多吃幾攤口味，我們兩個人分一條魚，一條40p，不算太貴。哇～第一次吃到剛燻好的魚，口感很新鮮，令人食指大動，也吃得很開心。燻魚唯一的缺點就是太鹹了，如果可以清淡一點，相信會更棒。

　　攤子一旁的角落就是他們燻魚的地方，想要拍到「燻魚」（魚躺在鍋爐裡面）的畫面，動作一定得迅速，因為他們打開檢視燻魚狀況的時間只有一下下，錯過了就得再等好一會兒。

昂貴的貝加爾湖石

　　來到利次揚卡村主要就是吃魚及閒逛而已，剩下的時間就是血拼啦！也許是紀念品一排攤開的緣故，所以價錢很硬，最多九折就殺不下去了。本來我很想買

一個紫色貝加爾湖石雕的湖神，但是爆貴的，隨便一隻動不動就兩、三千。多逛幾攤後，慢慢看出一些端倪，價格的差異在於石頭的色澤。紋路越少的深紫色價錢越貴，若是中間參雜白色、黑色的紋路或斑點，價錢就便宜多了。算了，還是別買了，喜歡的買不下手，又不想勉強買一個自己不喜歡的便宜貨。

伊爾庫茲克的電車票

回到伊爾庫茲克後，接著就是拿護照去買車票了，因為時間不是很趕，所以我提議搭電車就好，雖然四個人分攤計程車不是很貴，但是搭電車比較能觀察當地人的生活。我們搭2號電車一路被載到火車站，已經過了回旅館的站，正想說等它繞回去時再下車，沒想到收票員又來收一次票，咦～這跟莫斯科的電車不一樣，不是隨便想坐幾圈就坐幾圈的呀？至Hostel拿到護照後，果然有依我想要的日期蓋到23日，這下可以放心了。

怎麼可能一天只有一班？

在火車站排隊買票時，售票員竟然把我

啤酒的標籤

寫的03：15劃掉，寫上16：00。這還是莫斯科時間，加五個小時才是這裡的時間（21：00上車），夜色這麼暗，要如何欣賞貝加爾湖的景色，豈不是浪費了這段環湖鐵路？我才不要買！嘉琪排另外一排，結果竟然也是一樣。此時有一位會講英語的先生告訴我們一天只有一班火車。

這真是太奇怪了，明明書上都建議大家搭白天的火車，出來前也查到一天有好幾班，怎麼現在只有一班呢？嘉琪她們還是買了票，我則是不信邪地又去看時刻表，明明從莫斯科往海參崴或奇塔（chita）的車一定會經過這裡及烏蘭烏德呀。再抄另一個班次，再試另一個窗口，本來以為售票員收了我的護照就OK了，沒想到票打出來居然也是16：00，我當然說不要，沒照我寫的時間我才不要，這可不算是退票唷！

別急，再想想，反正我還要去歐克洪島（Olkhon Island），回來再說。如果真的只有這一班，我回來當天就可以接得上，還可以早一天到烏蘭烏德，也不賴。

我去超市時順便買了一瓶啤酒，回住的地方和homestay小開聊天。酒喝了就變成朋友了，後來他把電腦借給我，我還請他叫計程車明天早上來接我去巴士站。

俄羅斯人真是超愛喝的，而且喜歡有伴一起喝。

07.21 · 歐克洪島

和小開的喝酒情誼

07：00起床，今天得跟佩玲她們再次分道揚鑣。

小開居然跟我說為了和我說再見，他整晚沒睡。真不知他說真的還是開開玩笑，但仍舊讓我十分感動，這就是一瓶啤酒的情誼啊！他還留了e-mail和電話給我，要我從歐克洪島回來時，如果有任何需要再call他。

在伊爾庫茲克，用電話叫計程車的車資似乎比我們在街上隨便攔都便宜，到巴士總站才收我80p，而昨天我們自己搭則要100p。昨天沒有先買去歐克洪島的票，結果08：00的車已經沒座位了，得等到12：00，哇！還真久。

日本妹

12：00上車，搭的不是大巴而是小巴。車票是308.5p，行李61p。還好我有替行李買票，搭小巴的人不多，很難混水摸魚把行李弄上去的。最後一排坐了兩個日本妹，我也湊過去參一腳，才不會覺得一個人搭車太無聊。

和日本妹聊天還挺有趣的，她們講的英語很逗趣，敢出門自助旅行的旅客通常都還蠻敢講的，我試著習慣她們的口音。她們在伊爾庫茲克已經訂好歐克洪島的住宿，到了會有人來接，但她們也不知道名字是什麼。好吧！到時候再問問是不是可以跟著去住，省得一個人拖著行李，還得找住宿的地方。

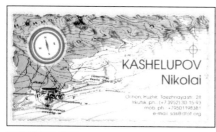
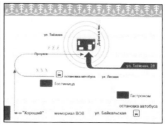

歐克洪島的民宿

來俄羅斯後最美味的一頓

　　下車之後，有兩個男生來接她們，他們說住宿的旅館應該還有空間，所以我也可以一起去住。呵呵，這真是太好了，省掉不少麻煩。

　　這應該算是民宿吧？主建築旁邊還有一棟正在蓋，之後規模一定更大。雖然沒有「Nikita」的大名氣，但是房間還挺不錯的，住一晚是350p（含早晚餐）、洗澡30p（俄羅斯浴）。肚子超餓，等到晚餐弄好已經20：00了。

　　哇，這頓晚餐真是美味無比，我來俄羅斯三個禮拜了，就屬這餐吃得最滿意，超讚的。晚餐後，民宿的工作人員邀大家一起去湖邊，還交代要帶著外套。我想有人帶路也挺不錯的，就跟著出去走走。

湖邊夕陽美景和一位瘋狂的男人

　　歐克洪島的溫差真的很大，來之前看「Way to russia」的網站，天氣預報寫10～30℃，我以為他們是因為預報不準，只好把範圍寫得大一點，看來是我誤會了，這裡下午真的是熱得要死，

太陽曬得皮膚都發痛，而清晨和傍晚卻又冷得要命，連羽毛衣都得穿上保暖。這就是俄羅斯！

　　湖邊的夕陽金黃燦爛，漂亮得很，21：30太陽落到山後面了，不過天色還沒完全暗，尚有餘光。此時，一個瘋狂的男人竟然跳下去游泳，天呀！這湖水據說是4℃，連泡一下腳都覺得冷，更何況是全身下去。雖然說，沒泡過貝加爾湖就不算到過這裡，但我沒有這種勇氣，還是泡個腳就好。

喝酒、不斷地喝酒

　　當那位瘋狂男人上來後，大家就開始喝酒，當然他得喝伏特加才夠力（祛寒）。喝喝啤酒、唱唱歌，天色漸漸暗了下來，該回去了。我有小試一口伏特加，超像在喝酒精的，40%果然不同凡響。而且他們跟我說，伏特加不是一小口一小口喝，要很豪邁地一口氣乾掉才行。（通常是倒在一個很小的杯子，實際的容量只有一點點。）

　　回到旅館前，他們似乎意猶未竟，又跑去商店買酒。在旅館的中庭升起火，圍著火堆，老先生給我們一盤半生的歐姆魚，吃起來感覺很特別。喝一杯伏特加、吃一塊麵包，原以為吃飽喝足就準備上床睡覺了，沒想到他們喝了啤酒就停不下來。星星很清楚、很明亮，可惜我只認得北斗七星，不過，還認得出來就表示沒有喝醉。

　　哇，02：00了，真的該去睡了，明天還要出去玩耶！從吃飽飯和他們瘋到現在，也不知道明天早上臨時是否可以找到車子去東北角觀光？

早餐

07.22 · 歐克洪島

　　起床後，趕緊找民宿老闆的女兒Tania，請她準備早餐及車子，我們晚點要出門玩。

　　好險一切都不算太遲，她有張羅到車子，11：00會來接我們去東北角玩。另外，我再請她幫忙去公車站買明天早上的巴士票。這下終於可以放心去玩囉！嗯～早餐也很豐盛，住這裡真好。

好厲害的吉普車

　　島上的路況很差，不是石子就是沙地，沒有鋪柏油路，搞不懂為什麼不把路弄好一點。我們今天搭的這部車很像是吉普車，除了司機外，只能坐四名乘客。看著前方的陡上坡，吉普車就這樣直直給它衝上去，真是佩服。但是，有上就有下，在險降坡時，司機竟一路不煞車地給它衝下去，超恐怖的啦！

貝加爾湖

　　連樹林間的爛路，都搖晃到快翻車了，也照開不誤。看來今天可是「玩命之旅」呀！沿途停靠不少地方讓大家下車照相，這也讓震到快散了的骨頭及屁股得以休息一下。風景，只能說好的不得了。不過，風又強又冷，不消十分鐘就凍得令人想縮回車上去。

　　13：00的那一次停車，我們得走一段路去崖邊。其實也不需要地圖，跟著人群走就是了。只是一旦走路就會想喝水，喝了水就想找廁所，偏偏一路走來都沒有廁所，怎麼辦呢？只好處處可以是廁所，自行找掩蔽了。

貝加爾湖

升火堆、煮馬鈴薯肉湯

　　去崖邊的這段時間，司機開始準備我們的午餐，好多台小車子都聚在一起，升個火堆煮湯，看來大家的午餐都一樣──馬鈴薯肉湯，這真是常見的俄羅斯食物，簡單好煮，再加上麵包及生菜沙拉就是一餐了。

　　剛走完路其實吃不太下，四個女生根本無法吃完那一鍋湯及一大壺茶。最後剩的湯只好裝在瓶子裡，而茶就餵養大地囉！

綁滿彩色布條的許願柱

我要看活海豹啦！

　　最後一站——湖邊的小村落，這裡可以看到飼養羊、馬、牛的人家。但是這些動物並不特別，我還是往湖邊走去，希望可以看見貝加爾湖海豹。貝加爾湖的海豹是全世界唯一的淡水海豹，因為很久很久以前，沿著河往上游覓食，到了這裡就定居下來。不過數量日漸稀少，所以並不容易看見。

　　我推測海豹畏懼人類，大概不敢上岸來曬太陽，所以目光盡量往湖中搜尋，看會不會恰巧發現牠們探出頭的蹤跡。Mai似乎發現什麼，在遠方對我揮著手。走近之後才知道，淺灘上竟躺了三隻死掉的小海豹，好可憐唷！我想看活蹦亂跳的可愛海豹，不要看這幾隻可憐的小傢伙啦！

俄羅斯浴初體驗

　　經過一路恐怖的劇烈震動之後，我們總算平安回到旅館。這一趟七個小時的行程，含午餐每個人400p。我想，一

死掉的貝加爾湖小海豹

湖邊小村落

好爛的路

次就夠了，就算Miki和Mai明天仍留在島上，應該不會想再去另一條路線吧。

晚餐還是一樣豐盛，餐後一樣有湖邊散步活動。不過，今天我就不跟他們去了，我們幾個女性要去體驗俄羅斯浴。

等洗澡得等到20：00，唉～真久，因為他們得燒柴讓水熱起來，並使烤箱的溫度升高。但所有的等待都是值得的，這可是我來俄羅斯第一次洗俄羅斯浴（Bayan），而且還是和兩位日本妹一起洗。

整個澡堂內部就長成這樣（如下頁圖所示），大門可以從裡面鎖起來，空間就由我們獨享。在休息室把衣服脫掉，再進到洗澡區。洗時，先拿臉盆裝冷水，再去水龍頭加熱水，熱水超燙的，要很小心。這一區的地面有很多排水小孔，可以放心沖洗。

豐盛的晚餐

　　不過進去烤箱之前，切記不要用肥皂搓洗身體，不然毛細孔無法張開，再怎麼烤都沒用；另外，絕對要試試看，用曬乾的樺樹枝敲打自己的背，據說可以幫助血液循環唷！烤夠了，就出來抹肥皂及沖水。

　　今天洗得真乾淨！神奇的是，從Bayan出來後，竟不會感覺寒冷，反而有一種舒暢的快感。

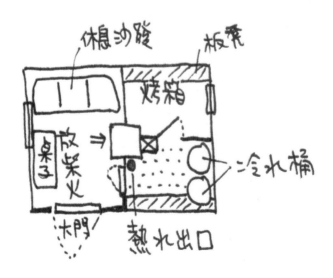

07.23 · 伊爾庫茲克

好窩心的日本妹

我的巴士票是10：00，本來昨晚就想先和Mai及Miki告別，但是她們說要送我一程，順便去巴士站買票。

08：00我們就起床了，其實她們今天沒有任何行程，只打算留在旅館洗衣服及四處走逛，卻願意這麼早起來陪我吃早餐，很令人感動。餐後，一路陪我走到巴士站，還一直等到巴士開了才離去。第一次遇到這樣的旅伴，感覺好窩心。

車子抵達碼頭，前方已很多車子排隊等著上船，看來有得等了。終於，我搭上12：30這班船，為了這段不到二十分鐘的船程，等了近兩個小時。沒辦法，總不能叫我游過去吧？即使後來小巴一路狂飆，回到伊爾庫茲克都已經16：00囉！

買到日班火車票，真是太神奇了

到伊爾庫茲克的火車站排隊時，沒想到今天16：00那一班竟然沒位置，無論我要二等還是三等都沒有，那明天呢？售票員把電腦螢幕轉給我看，有三班問我要搭哪一班？當然是……愈早愈好囉！我選了當地時間05：18這一班，這樣才能欣賞到貝加爾湖的自然風光。

買到票後，我還是無法了解：為什麼之前來買就只有晚上一班，而今天我卻買到日班火車咧？完成這趟俄羅斯之旅後，應該可湊出「一百個為什麼」，而且是一百個「無解」的為什麼。

再次光臨火車站休息室

車站樓上的休息室竟不讓我進去睡，得等到20：00才可以。到底怎麼了？我只得無奈地提著沈重的行李，又回到樓下來，找張椅子坐下來等，不然還能怎麼辦？

20：00上去才知道，原來他們要交班，難怪不肯讓我先住，可是我還是搞不懂，住宿登記就那麼幾個字也懶得寫嗎？唉……。

這裡是按小時收費的，1小時25p，外加床單40p，如果要洗澡再加50p。我也看到有人只是來洗個澡的，對出門在外的人來說，還真是挺便利的。

07.24 · 烏蘭烏德

環湖觀光——體驗三等車廂

　　睡在火車站的休息室真是蠻方便的，火車快進站時再下去就可以了。

　　我下樓不久，火車就來了，因為這段只有七個半小時，而且不需要在車上過夜睡覺，所以我買了三等車廂的車票（platskart）體驗一下。不過一上車我就有點後悔了，人超多的，東西堆得到處都是，還有人的腳太長，突出在走道上方。唉！幸好只有一小段，之後往海參崴的車票，還是買二等的好了。

　　三等車廂因為上舖的上頭還隔著一層可以放行李的地方，所以上舖的高度不足以讓一個人坐著，白天都要到下舖來坐。而二等車廂沒有那樣的行李層，所以可以待在自己的臥舖上，比較不會互相干擾。我看到有人拿床單把自己的床圍起來，這樣不知道會不會得自閉症？超像睡在膠囊旅館的。

車子開動之後，氣溫真的很冷，我不得不拿出羽毛衣來禦寒。我前面這扇窗子已經爛到關不起來了，旁邊的阿婆硬是把遮陽板關上，希望可以擋擋風。好險，她因為太粗魯弄壞了遮陽板，才留下約十公分的縫隙讓我得以欣賞風景，不然就白白浪費了這段時間。

這段環湖風景真的很不賴，雖然還是沒看到海豹，倒是看到不少鳥。看久了瞌睡蟲悄悄來襲，我睡著了一會兒，不過還是很開心能欣賞到環湖美景。查了這班火車上公佈的時刻表，如果可以25日下午從烏蘭烏德上車，28日就可以到海參威。等等看車票是否可以買到，早一天到海參威也好，可以比較安心。

三等臥舖

抵達烏蘭烏德

下車之後，繞了好大一圈才到買票處。超多人的，好不容易輪到我，居然沒有25日的位置了，只好買26日下午那一班。本來到烏蘭烏德就只打算參觀一座郊區的博物館，不過星期一沒開，只能明天再去，頂多半天就夠了。但現在整整多出一天的時間，不知道可以做些什麼？鬼混、血拼，還有收拾行李準備回去。

懶得搭車去市中心住，就走到離火車站最近的「Hotel Odon」投宿了。一晚700p再加10p的床單費，價格是還可以接受啦，不過這個房間很糟，一進門就聞到一股煙味，廁所看起來很老舊，唯一的好處就是有熱水。

書上說烏蘭烏德市區的旅館，夏天可多半是沒熱水的，所以別嫌了。

新興的Shopping Mall

我沿著旅館前的大馬路往下走約五百公尺左右，發現對面有一個地圖上沒有標記的shopping Mall，可惜我不買衣服、鞋子、窗簾……，所以對我而言沒什麼吸引力，但它附設的超市還不錯，可以添購一些食物。

速食店的晚餐

再繼續向前約五百公尺，是一個新形成的商圈「Elevator Shopping Mall」。這附近大都是賣衣服的店，Mall裡面也是，當然也有藥妝店、地毯店、餐廳等。隔壁一棟兩層樓的建築，則是傳統市場。一樓賣肉及蔬果，樓上則是賣魚、香腸等。

市中心廣場的列寧大頭

市中心的廣場上豎立著一座全世界最大的列寧頭像，真不知道做一個那麼大的大頭要做啥？這裡的香煙攤還可以買到列寧及史達林圖像的香煙，可見得這兩個人對俄羅斯人有多重要。因為剩我自己一個人，只能玩自拍囉！自拍的缺點就是讓我自己的頭看起來比列寧的頭還要大！

列寧及史達林圖案的香煙

07.25 · 烏蘭烏德

民族博物館（Ethnographic）

　　今天只有這個目標，可以輕鬆一點不用太早起床。「LP」上並沒有寫出這個博物館的俄文，只好自己想辦法翻成俄文。我把自己亂寫的俄文寫在小紙片上，準備等等給公車司機看。

　　搭了公車到列寧大頭廣場，去尋找8號小巴。運氣不錯，不到五分鐘車就來了。拿出小紙片給司機看，他點點頭要我上車，顯然寫得不算離譜，他看得懂耶！

　　到了博物館只有我和一個老伯下車，不過他不像是來參觀的，整座博物館看來有點冷清。

　　我在票亭拿出學生證，買了入場券及照相券，看起來裡面佔地不小，再買一份地圖好了。這座露天博物館挺有趣的，專門介紹此地早期的各式建築及建築的發展，但不僅僅限於布里亞特族。這座博物館裡的房子，並非原本就蓋在這裡，而是從鄰近地區搬來的。在園區裡面，還可以看到正在組裝中的木房子，每塊木頭都有編號呢！

　　最早期的房子成錐形，用木頭及樹皮組成，而後演變成獸皮，裡面還可以看到床及火堆的原始佈置；到了後期，隨著技術進步、空間需求變大，慢慢變成方形、多角形，後來還出現圓形的房子。不知道為什麼，這裡面居

獸皮屋內

樹皮屋

然有一個小動物園，裡面的動物包括棕熊、梅花鹿、大角鹿、犛牛、駱駝……等，規模不大，但挺有趣的。

後面幾乎都是木房子，和之前去哈喀夏看的差不多，也就沒那麼新鮮了。整個園區繞一圈，約需一個半小時至兩個小時。這裡樹種得很多，漫步在森林裡感覺很悠閒，不趕時間慢慢晃比較好。

樹皮屋
獸皮屋
動物園

買紀念品

到海參威當天就要搭飛機回家了，而且拖著行李恐怕也無法逛街購物，趁著下午有空，就決定去買點東西吧！找一家超市，預定購買伏特加及巧克力當紀念品，順便可以買未來三天在車上的糧食。這裡的觀光客應該不多，沒辦法找到像樣一點的紀念品店，大部分的紀念品應該都要在莫斯科和聖彼得堡才買得到吧！

Information

左座駕駛、右座駕駛，亂七八糟的俄羅斯

越往俄羅斯的東部走，發現右座駕駛的車子有越來越多的趨勢。我從來沒到過一個國家，車子同時可以左、右座駕駛，真是太奇怪了。為什麼會這樣？話說俄國製造的車子很爛，所以他們喜歡買進口車，但是新車很貴，只有少數人買得起，於是他們買二手車。既然是二手車，從韓國來的就是左座駕駛，日本來的就是右座駕駛，反正政府未強制規定一律得左座駕駛，所以也不需要花錢改裝，開習慣就好。

除了這件事外，加油站賣的汽油也是一絕。我們在台灣有賣92、95、98。這裡我看過92、93、95、96，甚至最扯還看到80的，超離譜的啦！當然小巴是不加這些的，它們吃柴油，所以走在城市的道路，空氣品質很差。我想這裡是沒有廢氣排放檢測的，要他們開始關心污染問題，恐怕有得等囉！

加油站

烏蘭烏德車站

07.26・搭火車往海參威

真是一間爛旅館

　　這真是間爛旅館，爛到我都不知道該說什麼好。早上起床後閒閒沒事，正想可以寫寫東西，待到11：30再往火車站移動。沒想到10：00工人來敲門，說要裝煙霧偵測器，喂！退房時間還沒有到耶！更離譜的是，竟然還拿電鑽進來鑽牆。算了算了，我還是早點離開好了，語言不通也懶得去抗議了。

直接跨越鐵軌

　　烏蘭烏德的候車室並不能隨意進出，門口有位查票小姐，得確定來客是真的要等車，才肯放行。其實這樣也不錯，才不會有一些奇形怪狀的人混進來，若是夜間等車，也可以讓乘客比較安心。

　　這個站有五個月台，但不是靠地下道連接，而是以天橋跨過鐵道。這種設計對我這個提行李的人諸多不便，要走很多樓梯。但是以我那天出站的情形來看，似乎只有我這種「老外」笨蛋才會乖乖走天橋。當大看板亮出我要搭的車進站時，我緊跟著當地人一起移動。果然我的猜測是對的，他們直接踩過鐵軌，就這麼過去了，誰去走那個麻煩的天橋呀！

這次運氣不錯，11號車廂離我很近，不用拖行李走得要死。車內的狀況也不錯，難怪會這麼貴。也好啦，這次可要搭六十六個小時，舒適度很重要。不過這次我買到的是上舖（奇數是下舖、偶數是上舖），比較不方便，常常要跳上跳下的，而且窗子開得不夠高，在上舖只能看到一些些的風景，但太常下去坐在別人的床舖也挺不好意思的。

同包廂有一個俄國媽媽、俄國老伯及俄國弟弟，看看同車的其他包廂也幾乎都是滿載，夏天的票恐怕是真的不好買。

又被檢查

23：00到了奇塔（Chita），因為算是大站，所以停得較久，照例大家都會下去透透氣。我呢，當然也下去湊湊熱鬧囉！走沒兩步就遇到一個警察，照例又聽不懂他們在說啥？他比了一下我的車，我就點點頭，這回竟然沒多問，神奇了！

想一想還是回車上好了，這麼晚也沒啥好參觀的。當我回到車上，爬上我的床舖時，警察居然又出現了，這次要看護照。別怕，就拿給他看，還幫他翻到有簽證的那一頁，並仔細觀察警察都瞧些什麼：先看簽證期限，旁邊還跟了一個人和他一起確認，大概是要抓逾期居留的人，再來就是檢查我的住宿登記卡，看我蓋了很多地方，說了一句「tourist」，就把護照還給我了。

後來想想這裡是往來中國、蒙古的必經之地，想必非法入境的中國人應該不少，被盤查也是在所難免，只要不被刁難就好了。

07.27 · 搭火車往海參崴

發呆、陪笑的火車生活

今天二十四小時都要待在車上，得好好想一想該如何打發時間。

昨天先用鋼杯裝起來放涼的熱水，裡面居然佈滿了咖啡色的懸浮物，還是倒掉吧，再去裝一次居然也是同樣情形，恐怕不好喝下肚。看來今天中午無法指望我的泡麵，得趁靠站時採購點食物。

再來就是午睡時間了，因為下午幾乎要到17：00、18：00才有大站可以停，加上聽不懂同包廂的人聊些什麼，一直陪笑也不是辦法。但是也不能睡太久，兩個小時就差不多了，怕晚上會睡不著。

下午火車靠了站，我買了一隻大雞腿，這樣就不用擔心餓肚子了，一天一餐就夠了。吃完東西就看看風景，發發呆。窗外景色從草原變成森林，再從森林回到草原，時間也不知不覺地流逝。真的要一整天都待在車上，才會明白時間多到驚人地難受。對了，還得身處在這種完全無法溝通的環境才行。想想我有多久沒講過一句話了，別說是中文了，連一句英文都沒機會講出口，這樣下去會不會得自閉症呀？

到傍晚又能做什麼呢？這時段是我的娛樂時間，聽兩個小時mp3，輕鬆一下。為什麼是兩個小時呢？因為火車上不方便充電，若聽太久沒電了，明天就沒有娛樂時間囉！之後就持續發呆或是看看書直到天黑。

繼續發呆、陪笑的火車生活

照例，睡到10：30才起床，開始發呆的行程。靠站時，小販們仍賣著一成不變的東西：馬鈴薯、沙拉、麵包、雞腿……，一點都無法引起我的食慾。今天決定吃泡麵，頂多拉拉肚子，就當清腸子也沒啥不好。

雖然這樣想，但生性「怕死」的我，只敢用一些火車上的熱水泡麵，等麵泡開了，再倒進我買的礦泉水，以避免吃進太多不該吃的東西。

每車都有一個服務員

伯力車站

　　好了，接下來的行程同昨日，也沒辦法有太多的變化。唯一不同的，今天聽了三個多小時的音樂，反正明天一覺醒來，就到海參崴了。

　　傍晚，當車開到伯力時，第一次看到有人賣魚子醬，有好多個小販都賣著用透明盒子裝的魚子醬。我沒問價錢，因為這東西應該要冰起來吧！我現在買了，回台灣還能吃嗎？根本就提不起興趣買它。

　　又三天沒洗澡了，好臭！

火車下舖置行李處

熱開水

洗手台

簡陋的馬桶

07.29 · 海參威

海參威的匆匆一瞥

　　當地時間09：10，列車緩緩地駛進伏拉迪沃史拖克（Vladivostok）——我們慣稱為「海參威」的火車站。

　　終於等到這一刻了，有很興奮嗎？老實說，並沒有，只有一種「終於結束了」的感覺。提著行李上天橋才發現，蒸汽火車頭及9288終點紀念碑竟在另一個月台上，這意謂著我必須提著行李下去照相，等會再爬上天橋來。好吧，也只能乖乖下去，畢竟我就是為了這個來的呀！

　　這真是一趟遙遠的旅程，從聖彼得堡到海參威，跨越七個時區，以火車的方式移動，只能說：真辛苦。更感到當年修築鐵路者的決心與毅力，這條西伯利亞大鐵路真的堪稱為一則傳奇。

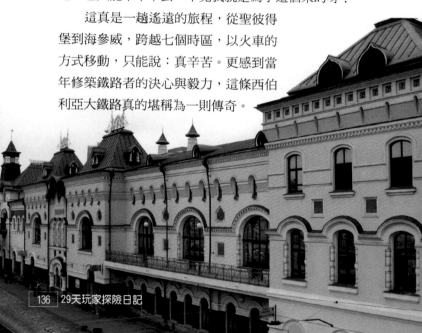

海參崴火車站

9288終點紀念碑　蒸氣火車頭

　　在車站對面看見一台KBAC（黑麥經過發酵製作的俄式飲料）的車子，離開俄羅斯前再來一杯吧！不過這裡的KBAC較酸，並不算劃下一個完美的句點，但在這個大清晨，還能多求什麼？到俄羅斯一個月了，早已習慣接受。

不信邪的我，就是要搭公車去機場

　　導覽書上說從市區沒有公車到機場，得先到三公里外的巴士總站。總是不信邪的我，看著火車站前停得滿滿

搭到機場的公車

的巴士，又怎會甘心接受這個說法。去問問，即使又是一問三不知。書上沒說機場的俄文是什麼，硬著頭皮試著問「Airport」？就在準備被驅趕的狀況下，竟出現了奇蹟，一個小男生帶我走到一台540號的公車前，上面就寫了「АЗРОПОРТ」。原來俄文唸法和英文相距不遠呀！接著問他幾點開車，他聽得懂但看得出來不會講，沒關係，給他紙筆讓他用寫的，還得等半個多小時。

後來在車子前方的站牌發現時刻表，這巴士一天只有十班而已，也許「LP」的作者當時沒發現。拖著沈重的行李也不方便再去逛什麼地方，直接去機場好了。車子開得頗慢，約一個半小時才到機場，沿途都有乘客上下，但總在奇怪、荒涼的地方，不知他們到底準備去哪裡。

這就是機場

當車子停在機場的停車場時，實在不敢相信這也算是個國際機場，真是小的可以。我先走去國內線瞧瞧，他們有一種很有趣的打包機，把行李放在上面旋轉後，會有類似保鮮膜的東西把整個行李箱包起來，非常有意思，包一件行李要價90p。我沒拍照，因為連地鐵站都不能拍了，更何況是機場，而且重點是這附近人超多，很難不被發現。

在不遠的另一棟寫著「International」的建築才是我要

去的地方。這邊更好笑，比國內線更小，仔細檢閱看板，今天只有兩班降落、兩班起飛，難怪不需要太大的空間。入關前，就只有一家商店讓大家在此消費，愛買不買隨便，反正外國觀光客把盧布帶回國又不能用。

　　旁邊有一個磅秤及告示牌，清楚地說明如果行李超重，必須以盧布支付超重費。量一量我的行李，嗯，19.5公斤，我第一次在出國回程時這麼乖，居然控制在20公斤內，真不可思議！告示板上說要連隨身行李一起算，雖然覺得就算加起來應該也不會超過，但還是不敢把盧布花光光。

　　我在一個類似走廊的地方等著，直到起飛前兩小時，一道鐵門打開，裡面才是櫃台和海關。大家得先排隊將行李過X光機，然後才去櫃台check-in行李、領登機證，接著就是過海關。這所有的程序就在一間教室大小的空間中完成，接著還得將隨身行李再過一次X光機，之後上樓去坐著等。等啥？飛機在哪？沒人知道，我就這樣一頭霧水地和大家一起移動著，反正就這麼一班飛機（另一班早已起飛了），不至於弄錯。

　　樓上設置了一間小到不能再小的Duty free Shop，賣著100歐元卻醜得要命的俄羅斯娃娃、進口煙酒、香水等，甚至可以買到Bodum杯（丹麥品牌的設計器皿）、Twining茶（英國品牌的紅茶）。反正就是一個字──

「貴」，料準了這是大家花光盧布的最後機會，我就看到好多人進去買了巧克力。

在機場買東西真是冤大頭，我買一大盒巧克力的錢，在這裡連一片巧克力都買不到；我買一個10p的鑰匙圈，在這裡要賣60p。怎麼都覺得自己買也笨，不買也笨。算了，啥都別買，剩下的盧布就帶回去借給準備來俄羅斯玩的網友好了，省得他們和我們一樣，遇到換不到盧布的窘境。

這麼近搭什麼車呀？

起飛前二十分鐘，廣播請大家移動，再次下樓去搭接駁車。才上車，車子轉個彎，我們就下車了，大家上下車的時間，都比車程長。搞不懂，為什麼不過一百公尺的距離，還要大家搭車做啥？

拜拜，俄羅斯！

真高興，我終於要離開俄羅斯了，這是出國這麼多次以來，第一次如此渴望回家。第一次到這麼難溝通的地方、第一次花錢卻得不到好臉色、第一次有五天沒洗澡的紀錄、第一次在火車上坐了長達六十六個小時……。這趟旅行，有好多前所未有的經驗，是很特別的一趟旅行。但是，我想說：「俄羅斯，一次就夠了，真的夠了！」

9288，Finish！

附錄篇

伴手紀念

貝加爾湖產的珍珠

機場買的開罐器

喉音CD

香煙

巧克力

伏特加酒

費用統計 (2006.07匯率：1盧布=新台幣1.204元)

在俄羅斯一個月，扣掉抵達及離開日，實際有二十九天的行程。其中，有十天晚上在火車、巴士上度過，其餘的十八天住旅館、休息室。我的花費如下：

項目		費用	備註
行前	機票	39,200元	韓航含稅，要從海參威回來只有這個選擇。
	簽證	1,310元	單次。
	保險	1,900元	意外險1000萬+產險，30天。
	邀請函	960元	
在俄羅斯境內	吃	3,138元	
	火車	20,659元	行程主要以火車為主，所以把火車票獨立一項，大部分是搭二等臥舖車。
	交通	9,061元	除火車外，巴士、地鐵等花費。
	門票	488元	部分景點有學生票。
	住宿	14,054元	
	其他	807元	一些哩哩扣扣的，像上廁所、打電話等。

所以，在俄羅斯境內總共花了新台幣48210（不含紀念品），金環以西的城市消費較高，大約跟歐洲差不多。中、東部的城市物價就便宜一點。

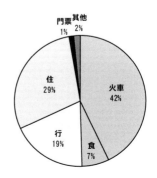

行前注意事項

1.簽證

辦俄羅斯的觀光簽證有一點麻煩，首先必須先取得「邀請函」。邀請函的取得有很多管道，第一種方法是找俄羅斯當地的旅行社，藉由上網填寫行程、旅行天數等資料，再利用信用卡線上付款（美金30元）後，約一至兩天就可以收到旅行社e-mail給你的邀請函檔案。第二種方法是透過預訂的旅館發邀請函，當然也必須付大約一樣的費用來取得。

辦理俄羅斯簽證的規定頗嚴格，辦理前必須先至指定銀行繳交相關規費，然後將繳款收據交回領務處，這才可領到代表處的正式收據。但若是因為證件不全等因素遭到退件，已繳交之費用也不會退還。所以，建議委託旅行社代為辦理比較保險。個人的觀光簽證，依據停留的日期核發，最多三十天，費用2400元（委託旅行社代辦的價格），需要七個工作天。

辦理簽證必備資料：申請表、俄羅斯相關單位核發之邀請函、旅遊行程表、護照正本、簽證費付款證明（銀行匯款單）、身分證影本、兩吋相片一張、工作單位名片、確認機位之機票正本等。簽證辦理請洽「莫斯科台北經濟文化協調委員會駐台北代表處」；地址：110台北市信義區信義路五段2號15樓；電話：02-8780-3011。

2.交通

俄羅斯的幅員遼闊，由東到西，大城市間可經由西伯利亞大鐵路聯結。大城市內公車、電車、計程車都十分方便。在聖彼得堡及莫斯科這兩座大城還有地下鐵可以利用，十分方便。唯一的缺點是，英語的使用並不普遍，必須在上車之前先把目的地的俄文查好，問路時比較好用。

暑假期間（七、八月），搭乘火車的人比較多，偶爾會遇到客滿的情形，每到一處，最好先去買下一段的火車票。建議行程不要訂得太死，保留一點彈性及隨遇而安的心情，旅程會更愉悅。買火車票時，先把以下的資料寫在紙上，減少跟櫃台人員作無助益的交談（因為他們多半不會說英語）：目的地、搭乘日期、搭乘時間（火車站有大看板可以查，若是查不到也可以只寫日期，售票員會把當天有的班次寫給你選）、車輛等級（二等臥鋪、三等臥鋪、座位）及人數，連同護照一起交給售票員。付錢後拿到車票，請先檢查日期及時間是否正確再離開（車票上為莫斯科時間，要記得換算唷！），因為火車票是不能退票的。

3.住宿

在聖彼得堡及莫斯科這兩座大城，建議在台灣就先

把旅館訂好，其他的城市都可以到當地再找即可。有些火車站有附設休息室，若等車的時間過長，或者需要半夜上車，可以就近使用，採計時收費，價錢比旅館便宜一些。部分休息室也提供旅客洗澡的地方，可以只洗澡不休息，收費大約是50盧布。

　　搭乘長程火車須在車上過夜時，建議選擇二等臥舖（四人一室、上下舖）較為舒適、安靜，三等臥舖無隔間且上舖高度不足，無法好好地休息。每節車廂配有一間廁所，但無法洗澡，可準備濕紙巾擦身體。

4.飲食

　　聖彼得堡、莫斯科及金環幾個熱門觀光城市的餐飲店頗多，有俄羅斯料理，也有不少西式餐廳，一些大一點的雜貨店也有熟食可供選擇。但出了這幾個城市後，餐廳越來越少見，大概俄羅斯的外食人口不多吧？建議可以準備一些餅乾、麵包或泡麵（可在雜貨店或超市買到），以備不時之需。

　　搭乘火車時，若選擇高級列車（列車編號越少的越高級）則有供餐服務，其他車次多半也有餐車可以買到食物，當然價錢會比較貴一點。除此之外，火車在用餐時間若有靠站，會停個二、三十分鐘，月台上會有一些賣食物、飲料的小販，價錢比火車上便宜不少，可供選擇。另

外也可以跑到車站裡面的販賣處買東西，不過得掌握好開車時間，以免凸槌。更省錢的方法就是自己帶食物上車囉，火車上有提供免費熱開水，可以泡茶、泡泡麵。水質的好壞就看你搭乘的火車等級，不過，不需要太擔心，即使喝過充滿咖啡色沉澱物的我，也好端端地回來了。

若是選擇長途巴士，用餐時間會在休息站停半個小時。當然，也別指望吃到什麼好東西，有東西吃就不錯囉！出了莫斯科往東走，最常見的食物就是馬鈴薯，有各式各樣的料理方式：馬鈴薯沙拉、馬鈴薯泥、水煮馬鈴薯塊、馬鈴薯湯、炸馬鈴薯等，對不喜歡吃馬鈴薯的我真是一大折磨。

5.購物

所有精緻的東西都集中在聖彼得堡、莫斯科及金環，出了這幾個城市後，再也沒看到精美的紀念品了。這次的俄羅斯娃娃多半都是在莫斯科的伊茲麥市集買的，價錢比其他地方來得便宜，所以也無法再殺價多少。至於皮草的部分，因為覺得台灣用不到，就沒有購買了。俄羅斯的伏特加酒很好喝，我是在超市採購的，價錢比機場還便宜。如果想要買魚子醬，建議在最後一站再買，因為需要冷藏，還要考慮班機飛到台灣所需要的時間，像我還在韓國過夜等轉機就不適合購買。

6.其他

因為緯度較高的關係，俄羅斯的夏天日夜溫差頗大，當初看氣象預報時，總認為10～30℃是他們氣象預報不準。去到那邊才知道，這是真的！中午熱到得穿短袖、短褲；晚上卻冷到皮皮挫，還得拿出羽毛衣來穿。

另外，住宿登記卡一定要好好保存，最好是沿途都選擇旅館住宿，不要住民宿。因為旅館都可以幫你蓋住宿登記卡，但是民宿不行。若是超過三天沒有住宿的記錄，容易被警察找麻煩。俄羅斯的中部因為與中國、蒙古接壤，有不少非法入境的打工者，所以警察查得蠻勤的，最好遵守相關規定。

行程建議

西伯利亞鐵路很長，如果打算跟我一樣全程搭乘的話，至少需安排兩週以上的時間。因為就算是不下車，由聖彼得堡搭到海參威也要七天六夜的時間。總不可能千里迢迢去到俄羅斯，除了搭火車，什麼地方都不去吧？

俄羅斯的觀光簽證最多給三十天，這個時間對想搭完全程的人比較合適，除了搭火車之外，還可以沿途挑一些有興趣的景點停留，體會一下俄羅斯各地不同的風情。如果要選擇這種玩法，航空公司的選擇性不高，因為海參威這個航點只有日亞航及韓航有飛，票價並不便宜。時間充裕者，可以參考我的行程，好好享受一個月的俄羅斯之旅。若不堅持一定要搭完全程，可以在中途選擇轉往蒙古或是中國一遊，只要先備妥簽證，火車的支線都能抵達，十分方便。

無法這麼長時間的旅行者，可以選擇一遊聖彼得堡、莫斯科及金環這幾個吸引人的地方，洋蔥頭教堂、乾淨的街道、英語稍微能通的環境……等等。大約十到十四天，即可體驗俄羅斯獨特的風情。這樣的旅程，航空公司的選擇就比較多了，票價也較為便宜。

2007年7月開始，復興航空每週有兩班包機直飛海參威，航程大約是四個小時，可以為俄羅斯旅遊帶來多一點的選擇。不過也因為是包機的關係，一般旅行社的自由行只有五天及七天兩種，採團進團出，不可延長。趕一點的話可以搭一段國內線直飛伊爾庫茲克，然後衝到貝加爾湖上的歐克洪島玩兩天，保證值回票價。貝加爾湖真的是太漂亮了，非常令人難忘！

國家圖書館出版品預行編目

西伯利亞大鐵路 ： 29天玩家探險日記 / 曹嘉芸著. --
一版. -- 臺北市 ： 秀威資訊科技, 2007. 10
　面 ；　　公分. --（北亞地區 ； TA0001）
ISBN 978-986-6732-27-0(平裝)

1.遊記 2.西伯利亞

734.19　　　　　　　　　　　　　　96019849

北亞地區　　TA0001

西伯利亞大鐵路─29天玩家探險日記

作　　者 / 曹嘉芸
發 行 人 / 宋政坤
主　　編 / 許人杰
執行編輯 / 黃姣潔
圖文排版 / 李孟瑾
封面設計 / 李孟瑾
數位轉譯 / 徐真玉、沈裕閔
圖書銷售 / 林怡君
法律顧問 / 毛國樑　律師
出版印製 / 秀威資訊科技股份有限公司
　　　　　台北市內湖區瑞光路583巷25號1樓
　　　　　電話：02-2657-9211　　　傳真：02-2657-9106
　　　　　E-mail：service@showwe.com.tw
經 銷 商 / 紅螞蟻圖書有限公司
　　　　　台北市內湖區舊宗路二段121巷28、32號4樓
　　　　　電話：02-2795-3656　　　傳真：02-2795-4100
　　　　　http://www.e-redant.com

2007 年 10 月　BOD 一版
定價：270元

讀　者　回　函　卡

感謝您購買本書，為提升服務品質，煩請填寫以下問卷，收到您的寶貴意見後，我們會仔細收藏記錄並回贈紀念品，謝謝！

1.您購買的書名：＿＿＿＿＿＿＿＿＿＿＿＿＿＿＿＿＿

2.您從何得知本書的消息？

　　□網路書店　□部落格　□資料庫搜尋　□書訊　□電子報　□書店

　　□平面媒體　□ 朋友推薦　□網站推薦　□其他＿＿＿＿＿＿

3.您對本書的評價：(請填代號　1.非常滿意 2.滿意 3.尚可 4.再改進)

　　封面設計＿＿　版面編排＿＿　內容＿＿　文/譯筆＿＿　價格＿＿

4.讀完書後您覺得：

　　□很有收穫　□有收穫　□收穫不多　□沒收穫

5.您會推薦本書給朋友嗎？

　　□會　□不會，為什麼？＿＿＿＿＿＿＿＿＿＿＿＿＿＿＿＿

6.其他寶貴的意見：＿＿＿＿＿＿＿＿＿＿＿＿＿＿＿＿＿＿

　　＿＿＿＿＿＿＿＿＿＿＿＿＿＿＿＿＿＿＿＿＿＿＿＿＿＿

　　＿＿＿＿＿＿＿＿＿＿＿＿＿＿＿＿＿＿＿＿＿＿＿＿＿＿

　　＿＿＿＿＿＿＿＿＿＿＿＿＿＿＿＿＿＿＿＿＿＿＿＿＿＿

讀者基本資料

姓名：＿＿＿＿＿＿＿＿＿　年齡：＿＿＿　性別：□女 □男

聯絡電話：＿＿＿＿＿＿＿＿　E-mail：＿＿＿＿＿＿＿＿＿

地址：＿＿＿＿＿＿＿＿＿＿＿＿＿＿＿＿＿＿＿＿＿＿＿

學歷：□高中(含)以下　　□高中　　□專科學校　　□大學

　　　□研究所(含)以上 □其他＿＿＿＿＿＿＿＿

職業：□製造業 □金融業 □資訊業 □軍警 □傳播業 □自由業

　　　□服務業 □公務員 □教職　□學生 □其他＿＿＿＿＿

To：114

台北市內湖區瑞光路 583 巷 25 號 1 樓

秀威資訊科技股份有限公司　　　收

寄件人姓名：

寄件人地址：□□□

(請沿線對摺寄回,謝謝!)

秀威與 BOD

BOD（Books On Demand）是數位出版的大趨勢，秀威資訊率先運用 POD 數位印刷設備來生產書籍，並提供作者全程數位出版服務，致使書籍產銷零庫存，知識傳承不絕版，目前已開闢以下書系：

一、BOD 學術著作—專業論述的閱讀延伸
二、BOD 個人著作—分享生命的心路歷程
三、BOD 旅遊著作—個人深度旅遊文學創作
四、BOD 大陸學者—大陸專業學者學術出版
五、POD 獨家經銷—數位產製的代發行書籍

BOD 秀威網路書店：www.showwe.com.tw
政府出版品網路書店：www.govbooks.com.tw

永不絕版的故事・自己寫・永不休止的音符・自己唱